シリーズ「遺跡を学ぶ」143

東京下町の前方後円墳 柴又八幡神社古墳

谷口　榮

新泉社

東京下町の前方後円墳
―柴又八幡神社古墳―

谷口　榮

【目次】

編集委員
勅使河原彰（代表）
小野　昭
小野　正敏
石川日出志
小澤　毅
佐々木憲一

装　幀　新谷雅宣
本文図版　松澤利絵

第1章　寅さんが出土した？

1　「寅さん埴輪」の出土

「寅さん埴輪」の発見

二〇〇一年八月四日、葛飾《かつしか》区郷土と天文の博物館と博物館ボランティアグループ「葛飾考古学クラブ」が共同でおこなった柴又《しばまた》八幡神社古墳の調査で、帽子をかぶった埴輪が出土した（図1）。帽子をかぶった埴輪はめずらしくはないが、鍔《つば》のまわるハット形の帽子をかぶった埴輪はそう多くはない。それが葛飾柴又から出土したこと自体出来すぎだが、出土した日が映画『男はつらいよ』で寅さんを演じた渥美清さんの命日、八月四日というのには驚きを越えて正直背筋が寒くなった。

じつは、この発見には前年にその兆候があった。二〇〇〇年八月二日の調査でのこと。掘り下げていた調査区のなかの精査作業に入った。移植ゴテで表面を薄く剝いでいくと、赤褐色のドングリほどの大きさの突起物があらわれた。そのまわりの土をていねいにとり除いていくと、突起物の周辺は平たい面がつづき、ところどころに凹みが確認できた。

全体像をつかむまでにそれほどの時間は要さなかった。突起物は鼻で、凹みは目と口である。人物埴輪が顔を上にむけて埋まっていたのだ。さらに顔のまわりを掘り進めていくと、頭髪部分は失われているものの胴部が遺存している女性を模した人物埴輪であることがわかった。

この一連の作業で一番興奮したのは、たまたま取材に訪れ上から作業を見守っていた朝日新聞の小泉信一記者（現在、編集委員）だった。間近で姿をあらわす埴輪に、「すごい、すごい」と連呼し、その日の夕刊紙面に「葛飾柴又の古墳からサクラさん埴輪出土」と報道したのであった。

今回のハット形の帽子をかぶった埴輪も新聞やテレビで報道され、その後「寅さん埴輪」とよば

図1 ● 姿をあらわした「寅さん埴輪」
中央の顔を上にむけている人物埴輪が後に「寅さん埴輪」とよばれるようになる。

れ親しまれている。

この「寅さん埴輪」の出土を我が事のように興味をもってくれたのは、だれあろう、映画を撮ってきた山田洋次監督である。葛飾区の広報課にぜひ実物をみたいと連絡があり、博物館でご対面となった（**図2**）。

その後の調査によって、「寅さん埴輪」が出土した柴又八幡神社古墳は六世紀末〜七世紀はじめに築かれた前方後円墳であることが判明した。東京の下町ではじめて前方後円墳が確認されたのである。この発見は、前方後円墳を築くことのできる有力者が、東京の下町にいたことを物語っており、この地域の古代史に新たな一頁を加えることになったのである。

図2 ● 「寅さん埴輪」と対面した山田洋次監督
この埴輪に一番驚いたのは山田洋次監督かもしれない。

刀良（とら）と佐久良（さくら）

東京都の東部にひろがる東京の下町地域の歴史は、意外性があって興味がつきない。研究者や巷間《こうかん》では、徳川家康が入部するまでの江戸は寂しい寒村で、みるべき歴史がなかったと思っている人が多いが、そんなことはない。

たとえば、東京低地の隅田川東岸地域、現在の葛飾・江戸川・墨田・江東区域（図３）に関係する奈良時代の戸籍が東大寺正倉院に保管されている。古代の戸籍は、六年ごとに作成され、三〇年という保管年限がすぎると廃棄されるシステムになっていたから、現代に伝わる戸籍史料はきわめて少ない。全国で良好な戸籍史料として知られているのは、七〇二年（大宝二）に作成された「筑前国嶋郡川辺里《ちくぜんのくにしまぐんかわのべり》戸籍」と「御野国《みののくに》加毛《かも》郡《ぐん》半布《はにゅう》里《り》戸籍」、そして七二一年（養老五）の「下総国葛飾郡大嶋郷《しもうさのくにかつしかぐんおおしまごう》戸籍」の三例しかない。

筑前国と御野（美濃）国はいずれも西国で、東国の戸籍は下総国が唯一となる。そのためこの戸籍は古代東国の戸籍制度や家族構成を研究するうえで欠かせない重要な史料とされている。下総国葛飾郡大嶋郷は甲和《こうわ》・仲村《なかむら》・嶋俣《しままた》の三つの里から構成されていた。甲和里は江戸川区小岩《こいわ》から江戸川区南部、仲村里は葛飾区立石《たていし》・奥戸《おくど》を中心とした中川《なかがわ》沿いの地域、そして嶋俣里は葛飾区柴又を中心に葛飾区北部に比定されている。柴又は古代からつづく土地なのである。

いまから約一三〇〇年前に廃棄されるべき戸籍が偶然残り、その戸籍の故地が東京の下町と考えられているのである。東京の下町に奈良時代の人びとが暮らした確かな証《あか》しが正倉院に伝わっていること自体、驚くべきことなのであるが、その驚きはさらなる驚きへの序曲でしかない。映画『男はつらいよ』の主人公、車寅次郎《くるまとらじろう》の愛称と妹さくらと同じ名をもつ「刀良《とら》」と「佐久良《さくら》」という人物名が「下総国葛飾郡大嶋郷戸籍」に記載されているのである。

江戸時代以前の東京下町はけっして未開の地ではなく、現代的なイメージからすると、意外な歴史が土地に刻まれている。「江戸は一日にして成らず」。家康が江戸に本拠を構えるには、この地域に古代から連綿とつづく歴史の重層性があり、それだけの下地が蓄積されていたのだ。本書では、「寅さん埴輪」が出土した柴又八幡神社古墳の発掘成果をもとに、東京下町の古墳時代の知られざる歴史風景を紹介したいと思う。

2 江戸・東京の下町と東京低地

東京東部（図3）の低地は、地理学的に「東京低地」とよばれ、全国的にも屈指の河川集中地帯として知られている（図4）。隅田川、中川、江戸川、荒川（荒川放水路）、新中川（中川放水路）などの河川が流れ、江戸時代におこなわれた利根川東遷以前は、利根川も東京低地を南流していた。つまり東京低地には関東の諸河川が流れ込んでいたのである。

この河川が集中するという地理的環境は、洪水を引き起こし、災害をもたらす要因として語られてきた。しかしそれは現代的な目線であり、自動車や鉄道といった陸上交通手段のない時代には舟運の利便性の高い地域であったといえる。事実、これから筆を進める古墳時代には、遺跡の立地や出土遺物を観察すると、地域的な特性のひとつとしてとらえることができる。

東京低地には、いわゆる「東京下町」とよばれる地域がひろがっている。西側に連なる武蔵野台地の一部を「山の手」とよぶのにたいして、「川の手」ともよばれる地域でもある。

その下町の範囲は時代とともに変化していることに留意しなくてはならない。下町は固定的なものではなく開発とともにその範囲をひろげてきた。

江戸時代の下町は、はじめ日本橋、神田、京橋のある隅田川西岸地域を指していたが、江戸時代も後半には本所《ほんじょ》、深川《ふかがわ》、さらに隅田・亀戸までも含めた範囲をよぶようになった。そして近代以降、急速に隅田川以東の市街地化が進み、現在では葛飾、江戸川、足立区を含めた地域も下町に包括された。つまり、江戸の下町と東京の下町とではその範囲を異にしており、本文中で使う下町とは後者の意味で用いる。

この東京下町である東京低地は、「境界地域」という地政的特徴を有している。東京低地の東側は下総国で西側は武蔵国となるが、その国境は古代から中世にかけては隅田川・古隅田筋であり、近世以降は隅田川筋よりも東の江戸川（旧太日《ふとひ》川《がわ》）に移動する。このよう

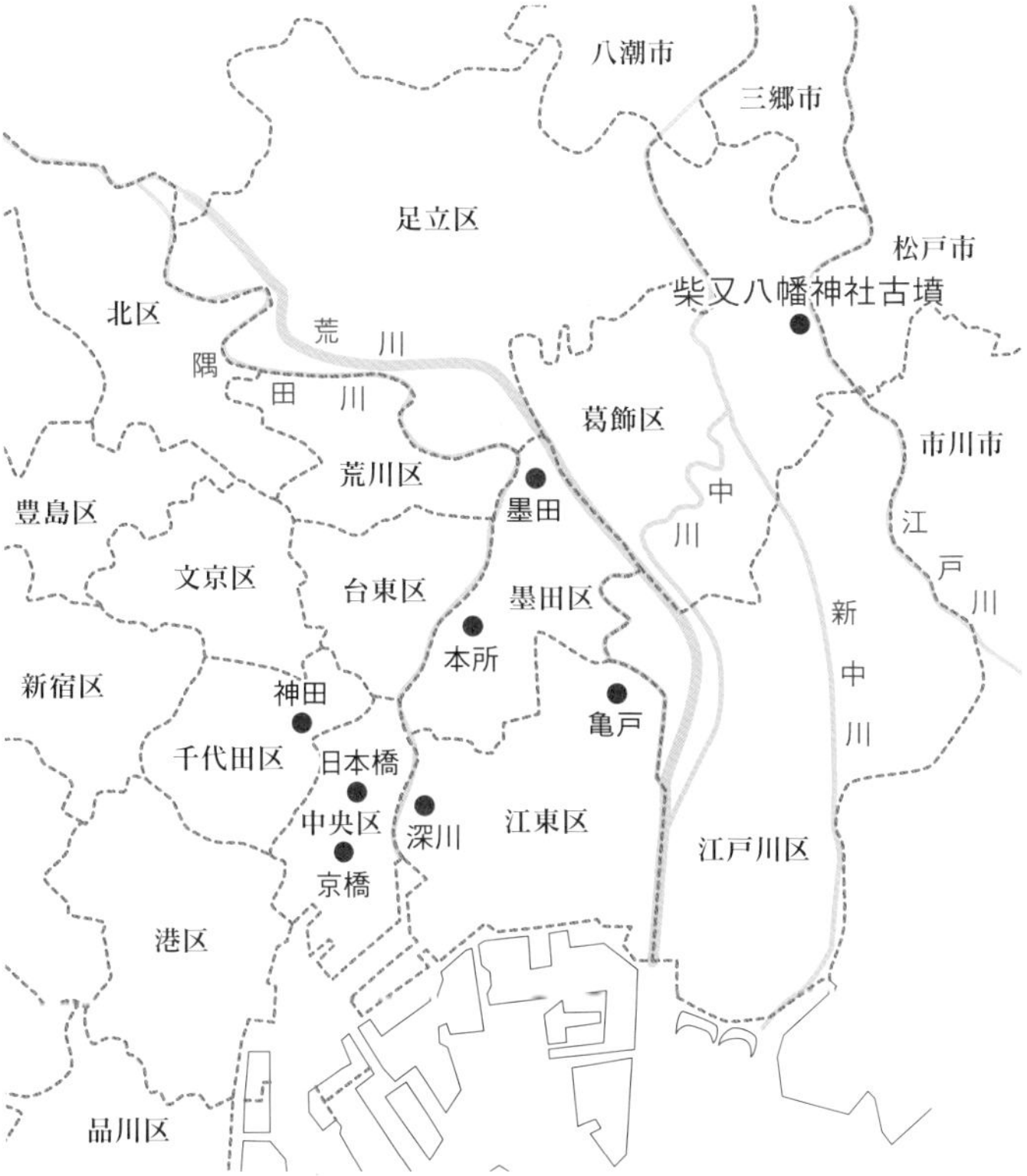

図3 ● 東京東部と柴又八幡神社古墳の位置
江戸の町場は、災害と復興をくり返すなかで隅田川を越え、江戸時代終わりには中川下流の右岸まで範囲を広げる。近代になると、関東大震災後には開削された荒川放水路（現在の荒川）まで東京の町場は拡大し、戦後の高度経済成長期に江戸川まで市街地化され、東京の下町とよばれるようになる。

に東京低地は、東の下総国の勢力と西の武蔵国の勢力の境目となる場所であり、また一方では両国の交流を橋渡しする場所だったのである。

3　東京低地の生活

微高地という場

現代のわたしたちが地球環境で重要課題としているのは地球温暖化であり、それによる海水面の上昇が危惧されている。さかのぼれば地球は寒冷期と温暖期が交互に訪れ、人類は寒暖の環境変化に対応しながら文化を育み生活を営んできた歴史がある。

旧石器時代は寒冷期にあたり、いまから二万年ほど前には海水面は現在よりも一〇〇メートルほど下がっていた。したがって陸域がいまよりもひろく、日本列島は大陸と海によって一部は隔てられていたとしても、巨視的には島嶼地域ではなく大陸の東端に連なる地域であった。

いまから一万五〇〇〇年ほど前から気候は温暖期へと移り、旧石器時代から縄文時代になると、縄文海進とよばれる海水面の上昇現象が起こる。いまから七〇〇〇年前ごろの縄文時代前期に縄文海進はピークを迎え、東京の下町地域は海底に没し、武蔵野台地と下総台地のあいだは大海原となった。

やがて縄文海進のピークがすぎて気候が安定してくると、海水面は下降へと変わり、上流部から土砂が運搬され堆積して、しだいに陸域がひろがり海岸線を後退させていった。縄文海進

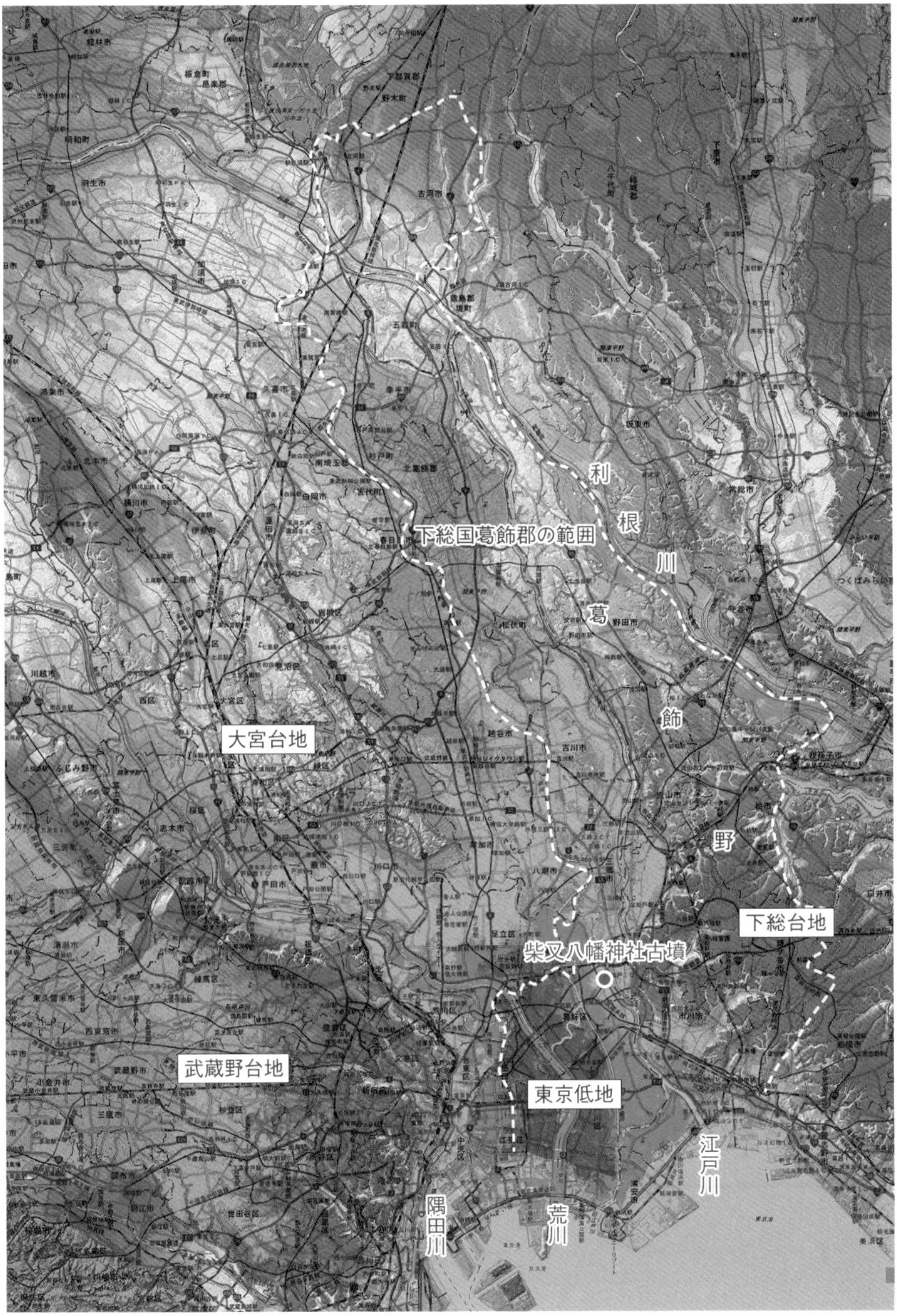

図４ **東京低地周辺の地形**
地表面の高低差を色分けした地形段彩図。武蔵野台地と下総台地のあいだにひろがる東京低地は，関東平野の臨海部であることがわかる。

後に形成された東京低地からは縄文時代後・晩期ごろの遺物が出土するが、土器のみで遺構などはみつからないことから、まだ定住できるような安定した環境ではなかったと考えられる。

東京低地で集落が営なまれるようになるのは弥生時代末から古墳時代前期になってからである。遺跡の立地をみると、沖積化の際に形成された自然堤防や砂州などの微高地とよばれる周辺よりも少し高い土地に占地している。

自然堤防は河川に沿って形成されており、中川、江戸川、葛飾区と足立区の区境となっている古隅田川沿いなどに認められる（図5）。砂州は台地縁辺部や海岸線などにみられ、台地縁辺のものは崖線に並行して、台地に刻まれた小谷を閉塞するように形成されている。代表的なものとして、北区赤羽から台東区上野までの砂州や江戸前島などがある。そのほか、江戸川河口の市川市・浦安市や隅田川東岸の江東区亀戸《かめいど》に旧河川に沿って砂州の形成がみられる。

上野の砂州は北東の荒川区三ノ輪《みのわ》方面にも発達し、古隅田川沿いの自然堤防と連なるように微高地が形成されていることから、ここが縄文海進後の沖積化にともなう旧海岸線とみられる。おそらく縄文時代晩期から弥生時代前半に形成された砂州であろう。古隅田川沿いの微高地は、砂州の形成後、海岸線の後退によって河川による自然堤防の形成が重なった微高地と考えられる。低地帯ではこれら微高地上を居住域とし、畠作などの生業の場として利用し、湿地では水田をつくったりし、池や沼、河川や海などの水域では魚類や水鳥などを捕り、また舟運などの経済活動の動脈とするなどし、一方では水害などの災害と折り合いをつけながら生活していたと考えられる。

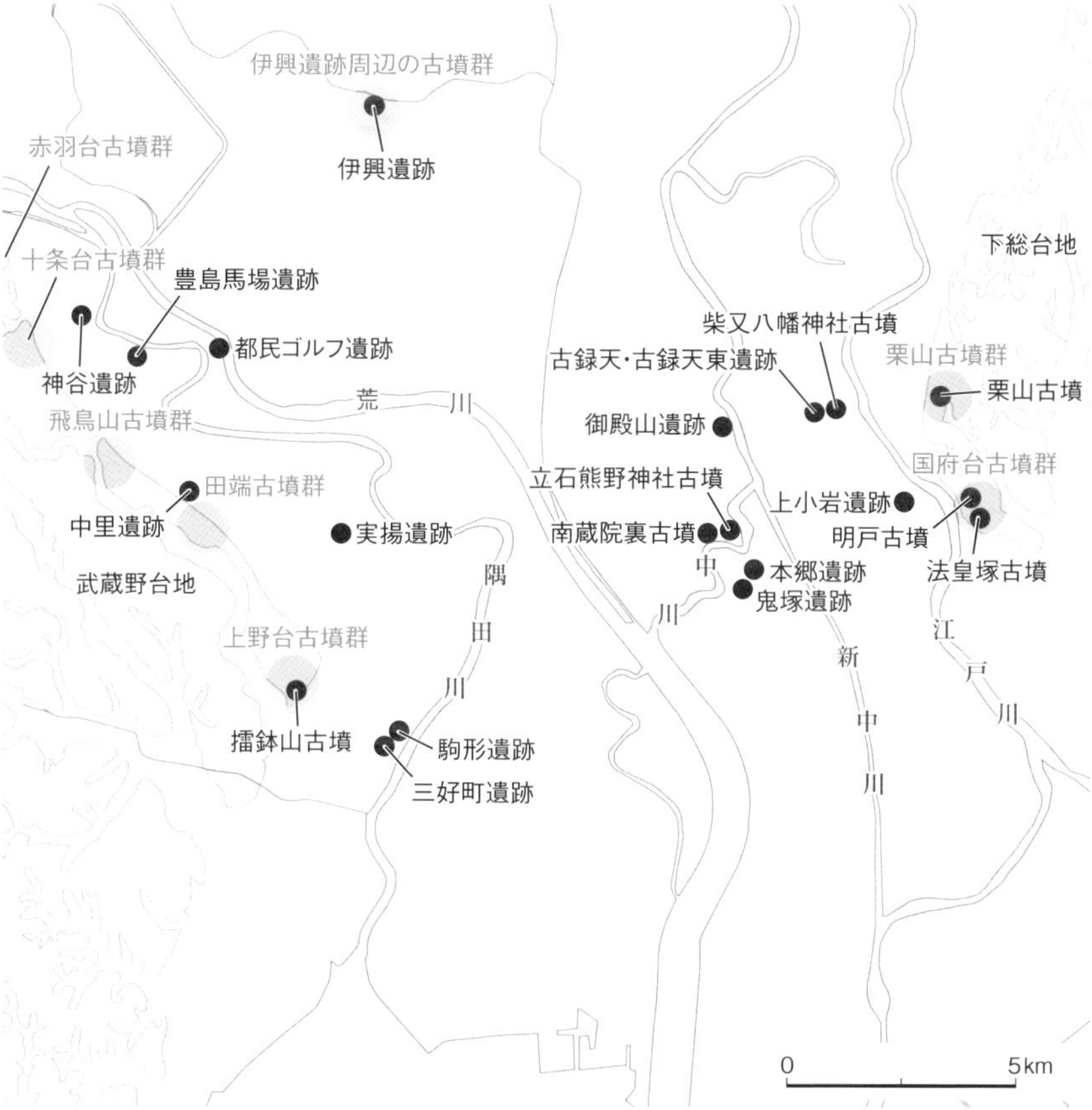

西部	駒形遺跡	古墳前期	台東区
	三好町遺跡	弥生末〜古墳前・中・後期	台東区
	実揚遺跡	弥生末〜古墳前期	荒川区
	豊島馬場遺跡	弥生末〜古墳前期	北区
	中里遺跡	弥生末〜古墳前期	北区
	神谷遺跡	古墳中期	北区
	都民ゴルフ遺跡	古墳中期	北区
北部	伊興遺跡	弥生末〜古墳前・中・後期	足立区

東部	柴又八幡神社古墳	古墳後期	葛飾区
	御殿山遺跡	弥生末〜古墳前期	葛飾区
	南蔵院裏古墳	古墳後期	葛飾区
	立石熊野神社古墳	古墳後期	葛飾区
	鬼塚遺跡	古墳後期	葛飾区
	本郷遺跡	古墳後期	葛飾区
	古録天・古録天東遺跡	古墳後期・奈良・平安	葛飾区
	上小岩遺跡	弥生末〜古墳前期	江戸川区
下総台地	栗山古墳（群）	古墳後期	松戸市
	法皇塚古墳	古墳後期	市川市
	明戸古墳	古墳後期	市川市

図５ ● 弥生・古墳時代の東京低地のおもな遺跡
地図上のうすい黄緑色の部分は自然堤防や砂州などの微高地をあらわしている。おもに河川に沿うように自然堤防が形成されているが、柴又八幡神社古墳の占地する微高地はかつての海岸線に沿って発達した砂州となっている。

東京低地のフロンティア

では、東京低地を開発し生活しはじめたのはどのような人びとだったのだろうか。

東京低地にある弥生時代終末から古墳時代前期に営まれた遺跡（図5）から出土する土器を観察すると、地元の土器よりも、外来系とよばれる東海系をはじめとする北陸・畿内などの他地域から搬入されたものやそれらの影響を受けた土器の出土が顕著である。このことから、弥生時代以降、東京低地が沖積化して陸域ができたからといって、下総台地や武蔵野台地上の人が低地に下りてきて生活の場を求めたという単純な状況ではないことがわかる。

弥生時代末から古墳時代前期の東京低地の開発は、おもに東海地方を中心とする人びとが船を操って太平洋経由で東京低地に到来し、集落を形成して開発していく姿を描くことができるのである。そして、それはたんに土器だけの問題ではない。たとえば、北区の豊島馬場《としまばんば》遺跡から出土した膝柄《ひざえ》叉鍬《またくわ》は、「東海系曲柄鍬《まがりえくわ》」に属する太平洋沿岸地域沿いに伝播した当時の最先端の農耕具で（図6）、土器や人とともに最先端の技術もこの地域にもたらされ開発された。さらに外来系の土器は、東京低地より上流部にも分布しており、東京低地の当該期の集落は海と内陸をつなぐ中継地としての役割もはたしていたのである。

つぎの古墳時代中期になると、東京低地のなかで地域的に異なる動きがみられるようになる。大きくみると中期の遺跡は、隅田川西岸地域の東京低地西部（台東・荒川・北区域）や東京低地北部（足立区域）では確認されているが、東岸地域の東京低地東部（葛飾・江戸川・墨田・江東区域）では中期の集落は確認されず、空白期となってしまう（図5）。

しかし、古墳時代後期になると、葛飾・江戸川区では遺跡が確認されており、隅田川東岸の東京低地東部が空白期をへてふたたび生活の舞台として利用されるようになる（図5）。興味深いのは、東京低地北部はそれ以前から継続して後期の時期も集落が営まれているが、東京低地西部の北区の低地部や荒川・台東区域からは、いまのところ当該期の明確な集落は確認されていないのである。東京低地という地域のなかでも、古墳時代だけみても、東部、西部、北部と地域的に様相を異にしていることに注目したい。

また古墳の造営についても、東京低地のなかで足立区と葛飾区に古墳の存在が確認されるだけで、他の区域は未確認である。古墳時代後期に武蔵野台地東部や下総台地西部に古墳が築かれるが、隅田川をはさんで大きく東部と西部に分けてみると、東部には後期の集落が展開し古墳が造営されるのにたいして、西部は集落も古墳も確認されていない。東京低地をひとつの地域として単純にくくって理解すべきではないことがわかる。

さらに、東京低地に営まれた古墳を理解するために重要なのは、低地だけを対象とするのではなく、低地近くの台地の存在、つまり台地上の古墳や集落との関係に注目する必要がある。その点については、柴又八幡神社古墳をくわしくみていった後、第5章でふれることにしよう。

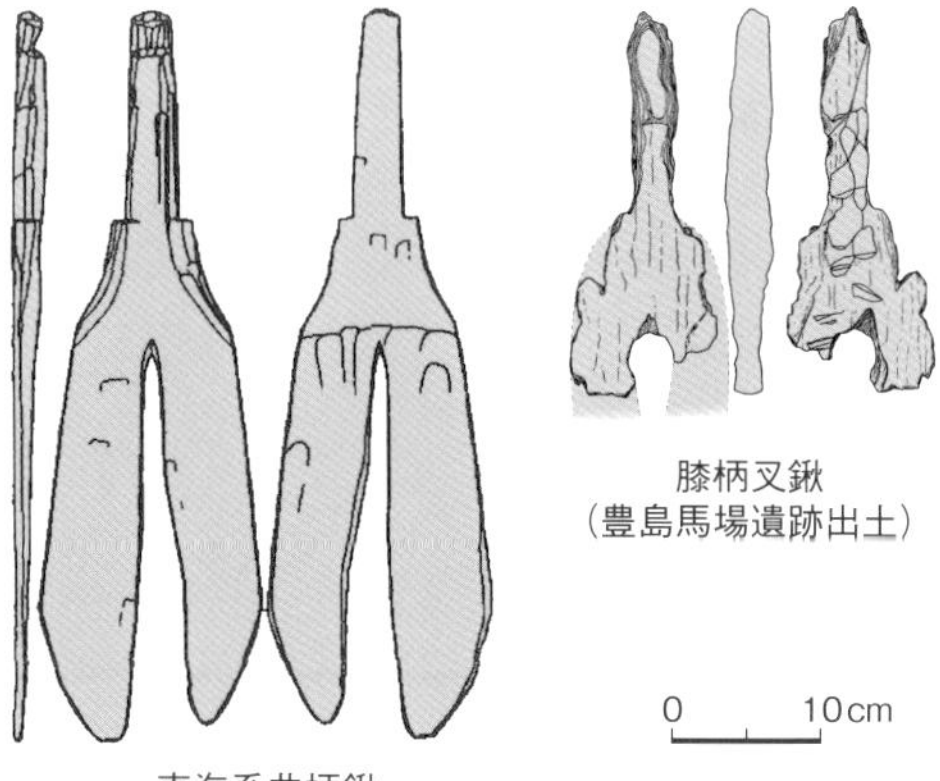

図６　膝柄叉鍬
当時の最先端の農具で、低地開発のノウハウをもった東海地方の集団が武蔵野台地と下総台地のあいだに出現した低地帯の開発をおこなった。

第2章　柴又八幡神社古墳の発掘

1　柴又の鎮守様

柴又八幡神社古墳のある葛飾区は、東京都の東北端に位置し、東は東京都と千葉県の境となる江戸川が流れ、対岸には千葉県松戸市がある。葛飾区の北東は埼玉県三郷《みさと》市・八潮《やしお》市、北西は東京都足立区が隣接し、南西は荒川を隔てて墨田区、南は江戸川区と接している（**図3参照**）。

葛飾区は東京低地の一角に位置しているので、地表面は比較的起伏が少なく平坦だが、相対的に北東部のほうが高く、南西部のほうが低い。標高は高いところで三メートル前後、南西部の荒川沿いの地域では〇メートル以下となっている。

柴又八幡神社古墳は、葛飾区の東部、江戸川右岸から高砂《たかさご》方面にかけて東西方向にのびる柴又微高地上にある（**図5、22〜24参照**）。この微高地は弥生時代ごろの旧海岸線に東西方向に発達した砂州で、柴又八幡神社境内は海抜三メートルほどの高さがあり、西側の道路や北側の保

図7　柴又八幡神社古墳の位置
上は昭和50年代の航空写真で、上の河川が江戸川、中央やや上手に帝釈天題経寺の甍がみえる。左下の樹木の茂るところが柴又八幡神社。

育園、東側の京成電車軌道側が一段低くなり、八幡神社境内は周囲よりも高まりをみせている（図17参照）。

柴又八幡神社から南東約一〇〇メートルのところに京成電鉄柴又駅があり、東へ約二〇〇メートルのところに映画『男はつらいよ』で有名な柴又帝釈天《たいしゃくてん》（題経寺《だいきょうじ》）がある（図7）。さらにその東側には、江戸川の雄大なうねりと下総台地西端の直線的な崖線地形がひろがっている。

古墳の築かれている柴又八幡神社（図8）は、江戸幕府が編纂した『新編武蔵風土記稿』「柴又村」の項に「八幡社村の鎮守なり。真勝院《しんしょういん》持」と記され、東京府の編纂による『東京府志料』「柴又」の項には「八幡神社村の鎮守なり。末社四宇あり。社地九十坪」とあり、柴又村の鎮守として祀られ、真勝院が社を管理する別当寺《べっとうじ》であったことが記されている。

祭神として誉田別命《ほむたわけのみこと》と建御名方命《たけみなかたのみこと》を祀り、創建年代や由来は明らかでないが、一六三三年（寛永一〇）の棟札（葛飾区指定文化財）があり、それ以前にさかのぼる。真勝院の創建が七〇八年（和同元）と言い伝えられていることから、かなり古い神社であると推定されている。

図8●柴又八幡神社

社殿は江戸時代からいくどかの再建と修築をへて、一九六五年に鉄筋コンクリート造りへの改築工事がはじまり、一九六八年に現在の社殿が落慶した。

当神社には、葛飾区指定無形民俗文化財の三匹の獅子による神獅子が伝えられており、毎年一〇月一五日の祭礼に近い休日に奉納されている（図９）。

そのほか境内には、関東地方の農村の荒廃が著しいときに勧農に成功した柴又村の名主や村民にたいし幕府がその功績を賞した事績を記した一八二六年（文政九）建立の柴又勧農事績碑（葛飾区指定有形文化財）や、一八七三年（明治六）に建立された根府川石《ねぶかわいし》（小田原産）を用いた柴又地域の農耕水利開発の功績を讃える柴又用水の碑（葛飾区登録有形文化財）、耕地整理事業の改耕碑（一九三〇年〔昭和五〕）、忠魂碑（一九五六年）などが建立されており、柴又の開発を物語る記憶装置の役割をはたしている。

またイチョウ、クスノキ、マツからなる社叢林が外との境界性を保ち、柴又の聖域としてのたたずまいを醸し出している。

図９　柴又八幡神社の神獅子

2 古墳の発見

東京低地は沖積地という地質的な特徴から、地表の堆積土に石を含んでいない。このような地質環境では、石は非日常的な存在であり、由来の知れない地上に露出している石は人びとの関心を引き、葛飾区の立石様（図10）や荒川区の素戔雄《すさのお》神社境内にある瑞光石《ずいこうせき》のように古くから信仰の対象となってきた。

このような石を非日常的な存在とみる土地柄であるのに、不思議なことに柴又八幡神社の石室の石組は、『新編武蔵風土記稿』や『東京府志料』に紹介されていない。いち早く東京低地の古代遺跡に関心を示し踏査を重ねた鳥居龍蔵も、一九二七年（昭和二）に著わした『上代の東京と其周囲』には、立石南蔵院《なんぞういん》裏手の古墳や埴輪（**図50参照**）、青戸御殿山《あおとごてんやま》遺跡などは紹介されているが、柴又八幡神社古墳についての記載はなく、一九三六年（昭和一一）に刊行された『葛飾区史』にも記載がない。

管見のかぎりでは、一九三八年（昭和一三）に郷土史

図10 ● 立石様
江戸時代から「立石大明神」と崇敬された。古墳時代に古墳の石室石材として運び込まれ、奈良時代には古代東海道の道しるべとして転用されたと考えられている。

家の村高擔風《たんぷう》が『風致《ふうち》』第三巻第三号に寄稿した「柴又の史蹟」（東京府風致協議会聯合会）に、社殿裏手に露出している石組を写真入りで紹介しているのが初出である。村高は、剣が御神体もしくは宝物になっているという地元の人の話を紹介し、露出している石組は古墳石槨《せっかく》の石材で、神社の宝物として伝わる土器二個（**図11**）と上部を欠く円筒埴輪一個（**図16参照**）はこの古墳からの出土品であろうとしている。

この紹介文から、おそらく一九三二年（昭和七）の改築以前は石室の石組は露出していなかったが、このときの改築によって石室の一部が新しい社殿の裏手に露呈するようになり、あわせて剣（実際は直刀《ちょくとう》）と円筒埴輪などが出土して宝物とされたものと推察される。歴史愛好家のあいだでは古墳ではないかとしてその存在が知られるようになっていたが、一九三六年の区史編纂の段階ではいまだ認知されていなく、未掲載だったのではないだろうか。

柴又八幡神社古墳の存在が学界などでも知られる

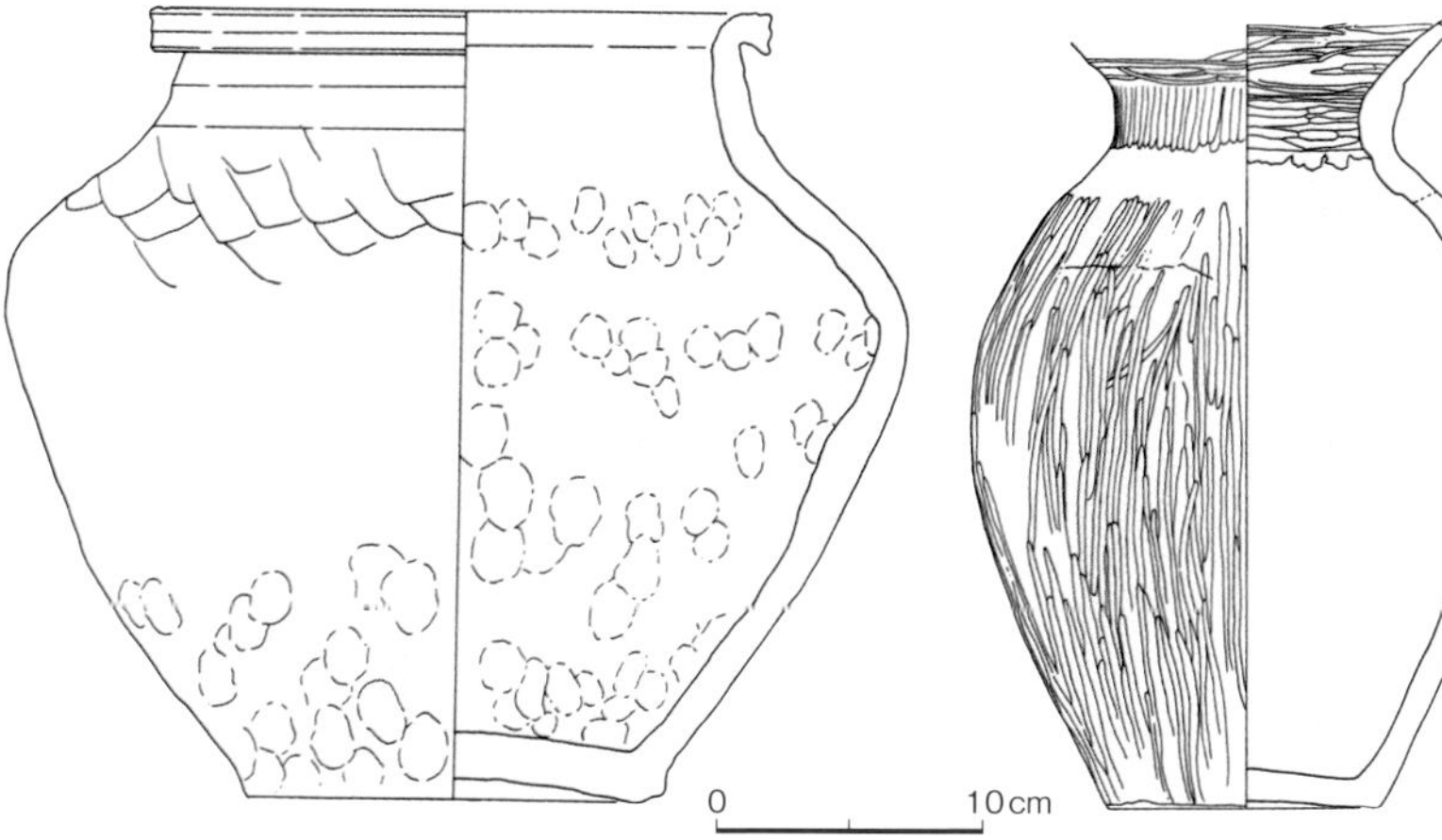

図11 ● 柴又八幡神社に神宝として伝わる土器
右の土器は別個体の土師器の頸部と底部をセメントと思われる補強材で組み合わせて復元したもの。左は鎌倉時代末ごろの常滑焼の壺。この2点の焼物は、1938年の村高擔風の報文でもその存在が確認されることから、それ以前から神社に保管されていたことがわかる。

ようになるのは戦後になってからのことである。本遺跡を古墳として学会誌に紹介したのは歴史学者の可児弘明《かにひろあき》が最初であろう。可児は、東京低地東部をフィールドとして研究を進め、一九五三年に雑誌『貝塚』第四八号の「墨東《ぼくとう》五区の遺跡と遺物（一）」（物質文化研究会）のなかで、「柴又八幡神社内古墳」と題して六行ほどの小文ではあるが紹介している。坩《かん》の完形器が所在することを述べているが、これが神社に保存されている土師器《はじき》（**図11**）をさすものなのかは判断できない。

可児弘明が一九六一年に『考古学雑誌』第四七巻第一・二号に発表した「東京東部における低地帯と集落の発達　上・下」（東京考古学会）は、東京低地の人間活動と環境の変遷について論じ、当該地域を対象とした研究史のなかで特筆される業績であるが、本古墳は遺跡地名一覧に記載しているだけでくわしくは紹介していない。

その後、葛飾区の刊行物の『葛飾区勢概要　昭和二八年度版』の「観光」の項や一九五八年の『葛飾区史料』に「柴又八幡神社裏に露出する石棺」として写真が掲載されるようになる。

3　社殿改修と調査

柴又八幡神社の社殿裏手に露出していた古墳の主体部とみられる石組について、はじめて考古学的な報告をおこなったのは永峯光一《ながみねみつかず》（後に國學院大学教授）である。『北東低地帯文化財総合調査報告書　第一分冊』（一九七〇年）なかで、葛飾区柴又八幡神社内古墳という項を立て紹介している。

内容は、一九六五年におこなわれた社殿改築にともなう調査の概要をまとめたものだが、八幡神社に所蔵されている土師器と石棺状石組として現状の実測図と復元された主体部、常滑の甕、円筒埴輪の写真が添えられている。調査成果は、同年刊行された『葛飾区史』に永峯光一の報告文として掲載されている。

その概要を記すと、一九六四年に香山善之輔宮司から永峯に、新社殿造営の工事にともなう石棺の保存方法について、原位置にそのまま保存するか、移設して保存するかの相談があった。そこで永峯は、石棺の遺存状態がよければ社殿の一部を変更して現状保存し、破損が著しければ移設して郷土の文化財として尊重すべきであるとして、石棺の実態を調査することになった。

旧社殿裏に一部露呈した石組は（図12）、いつのころからか古墳の石棺といわれるようになっていた。石組は板石を用い、また円筒埴輪などの遺物の出土もみられることから石棺と考えられたのも無理はなかった。しかし、はたして石棺

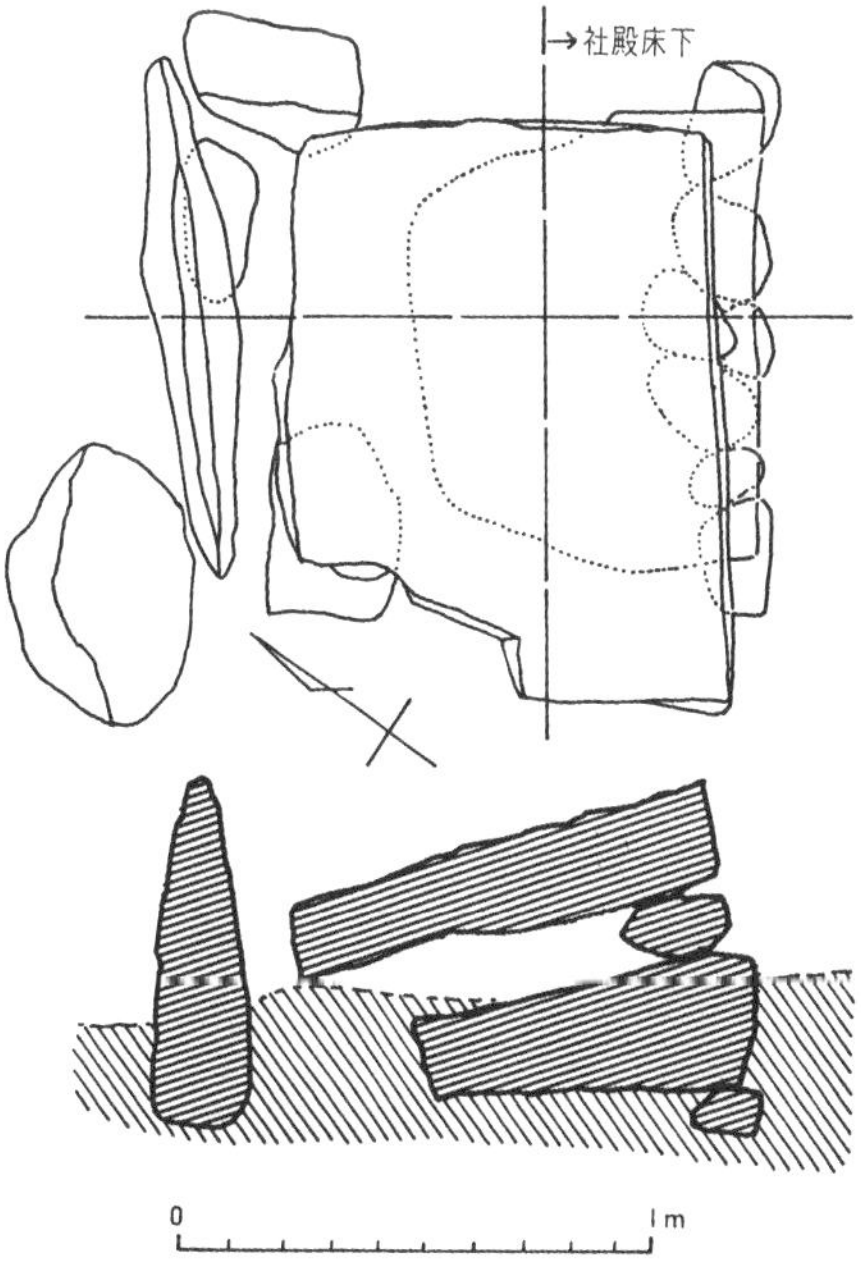

図12 ● 旧社殿裏に露呈していた石組の実測図
永峯光一によって作図されたもので、図13の写真と一緒にみると、露呈していた石組の状況を把握しやすい。

なのかあるいは石室などのほかの種類の構造物の一部なのか、たまたま社殿外へはみ出した部分のみでは判断しかねる状態であった。

一九六五年七月、発掘の段どりをつけるために予備的な調査がおこなわれた。石棺とよばれている石組は、すでにその周辺も含め破壊され原形をとどめておらず、石室の蓋石のように使用されていた板石が偶然にも石棺らしくみえたのではないかと判断された（**図13**）。旧社殿基壇の北側の基礎中に小部分、砂利が敷きつめた床面が検出され、永峯はこの面が石室の底面であろうと推定している。

想定される主体部として、扁平な礫の小口を内面にそろえて側壁を積み上げ、数枚の板石を蓋石として用いた石室とするのがもっとも妥当であるとされた。蓋石に使用されたと推察される板石の大きさから、石室の内法はせいぜい八〇センチほどで、長さも最大三メートル以内と推定し、石室

図13 ● 1965年の社殿解体時に露呈した石組
社殿下に隠れていた大きな扁平の磯石が、
社殿解体によって全容が明らかとなった。

の形状は小型の形骸化した横穴式石室の可能性も捨て切れないが、一応、竪穴式石室との判断をしている。

石室の石材については、浮石を含んだ凝灰質砂《ぎょうかいしつさ》岩《がん》で、イシマテガイの生痕が全面に残っている特徴的なもので、岩質からみると、三浦半島基部に露頭する伊豆石であるという鑑定結果をえられたという。同一の産地から運搬されてきて内部主体の石材に使用されたものと指摘されている。

この調査の際に、円筒埴輪片、形象埴輪片、須《す》恵器《えき》片、直刀片四振分以上、鐔《つば》、刀子《とうす》、轡《くつわ》、鉄鏃《てつぞく》片、人骨片、朱塊などの遺物の出土があった（**図16・40参照**）。この古墳の造営年代は、小規模な竪穴式石室と副葬品から古墳時代後期と考えられるが、全体的な形状や当地方開発の状況などから考えるとむしろ終末期の古墳としたほうが適当であるとしている。

調査で発見された人骨片は、信仰上の立場から

図 14 ● 島俣塚
奈良時代の大嶋郷戸籍に記載されている古地名
「嶋俣」から名づけられた上円下方墳を模した塚。

社殿裏手に上円下方をかたどった「島俣塚《しままたづか》」（図14）を築いて納め、柴又の先人の霊を祀っている。石室も社殿の下に復元保存して見学できるように配慮されており（図15）、郷土学習の教材としても貴重な資料となっている（ふだんは非公開）。

図15 ● 社殿下に復元された石室
ふだんは未公開だが、例大祭のときなどに公開されている。奥手の木箱に図11の2点の焼物と円筒埴輪（中央）がみえ、左右の木箱には直刀や馬具、埴輪片などが収められている。

図16 ● 柴又八幡神社に所蔵されていた円筒埴輪
村高擔風が言及し、轟俊二郎が下総型埴輪として注目したのは中央奥の大きな個体。

永峯の調査以後、考古学的に柴又八幡神社古墳に注目したのは考古学研究者の轟《とどろき》俊二郎である。轟は、千葉県の我孫子《あびこ》古墳群から出土した円筒埴輪が下総地域に多く見受けられることに着目し、一九七二年に『下総型円筒埴輪論』を著した。その著書のなかで、柴又八幡神社内古墳出土の円筒埴輪（宝物として社殿に保管されていた埴輪、図16）を下総型円筒埴輪として紹介している。

なお、一九八六年、東京都教育委員会の都内遺跡地図作成作業にともなって葛飾区内の埋蔵文化財包蔵地の見直しがなされ、本遺跡については、従来「柴又八幡神社内古墳」「八幡神社古墳」とよばれていたものを「柴又八幡神社古墳」と名称を改めている。

4　市民と共同の学術調査

永峯・轟の研究以降、しばらくのあいだは調査研究の進展はなかったが、柴又八幡神社古墳は東京低地の東部で唯一、古墳と確認できる遺跡で、当該地域の古代史研究の進展にともなって東京下町の古代の歴史を解き明かす重要な遺跡として注目されるようになってきた。

葛飾区教育委員会では、一九八九年度から文化財保護事業の一環として柴又八幡神社古墳を「郷土かつしか」の歴史遺産として後世まで末永く保存するために、古墳の規模や遺存状況を確認する調査の計画を立てた。調査にあたっては、石室以外の周辺の発掘調査ははじめてのことであり、調査面積を極力抑えるために、地下レーダー探査を事前におこない、調査区の位置を決めることにした。

一九九一年二月一一日、地下レーダー探査を実施した。データの解析から比較的連続した溝状の落ち込みが社殿西側で確認されたのを受けて、そこを主体に古墳のひろがりを把握するべく調査区を設定して三月一日から一七日まで発掘調査をおこなった（第一次学術調査、図17）。

調査の結果、全体的に社殿改築にともない墳丘は構築時よりもかなり削平されていた。西側の調査区では、周溝と思われる溝状遺構と社殿にむかってテラス状の平場があり、社殿近くで立ち上がり、そこに円筒埴輪列が存在していたが、上部が失われ基部のみを残す状態であったり、社殿側から溝状遺構の方向に押し潰されたりして、改築工事などで壊された様子が確認された。社殿北西の調査区では、石室石材が一点出土しているが、社殿よりも一段低い西側と南側の調査区では周溝や墳丘の残存は確認できず、古墳は社殿を中心とした位置に存在することがわかった。古墳の規模は、テラス部分を除くと一五メートルほどの円墳と想定された。

この第一次調査で古墳の遺存が確認されたが、調査期間が短いこともあって、古墳本体の遺存状況や一部確認された周溝のひろがりなどは把握することはできなかった。しかし、近年の東京低地の古代史研究で柴又八幡神社古墳が房総と武蔵の交流を物語る重要な古墳であると注目されていることもあり、今後の東京低地の古代史研究の進展を図るためにも、主体部（埋葬施設）の位置や状況、明確な古墳形状や規模、埴輪列や埴輪の構成、古墳周辺の状況などを把握しようということで、一九九八年から三カ年の予定で学術調査をおこなうことにした。

葛飾区郷土と天文の博物館では、区内の遺跡の学術調査を「葛飾考古学クラブ」と共同でお

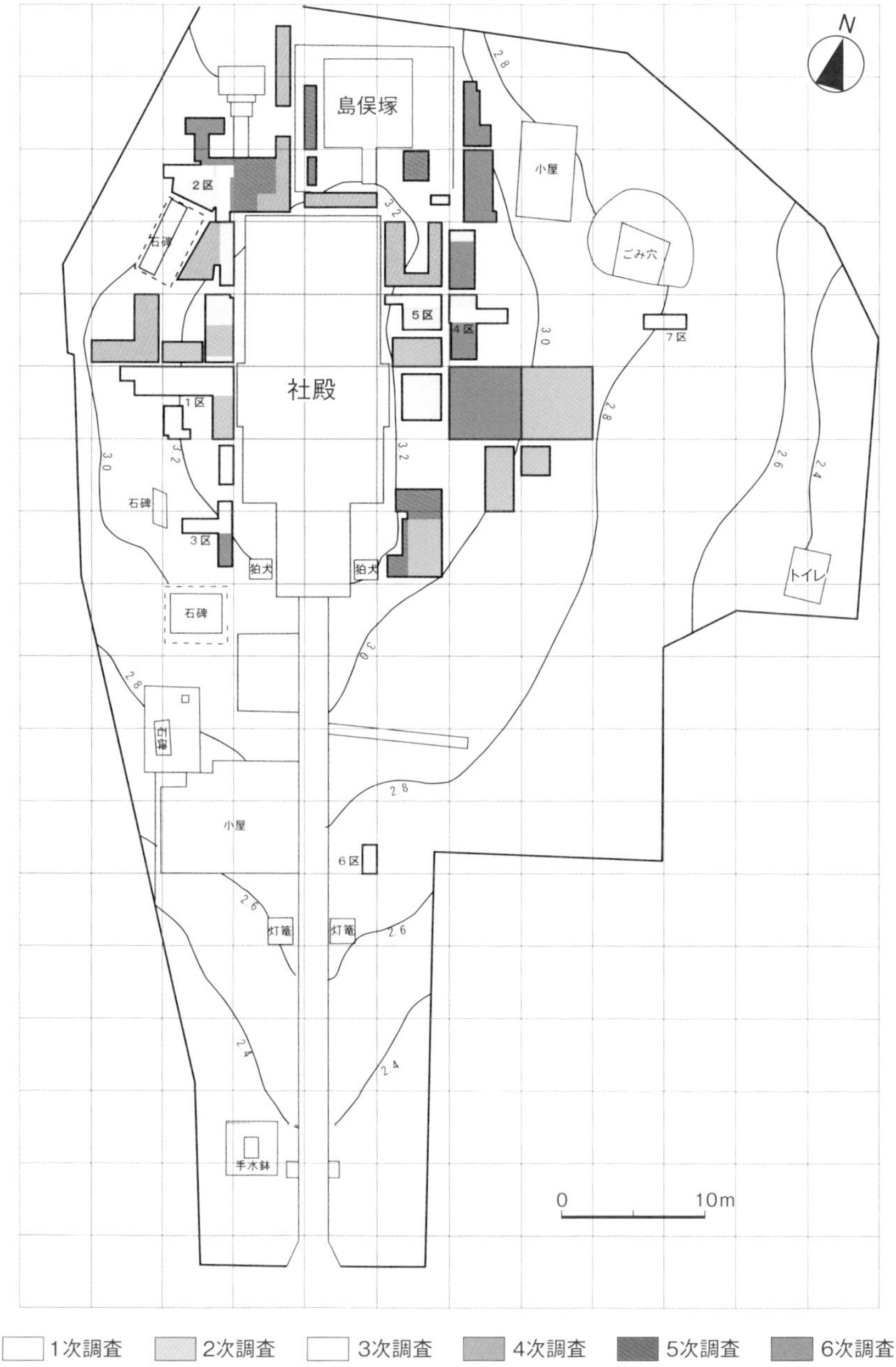

図17　第1～6次学術調査区の位置

こなってきた（図18）。博物館の学術調査は、区内の遺跡の遺存状況を把握するとともに、遺跡から地域史研究に必要な考古資料を採集し、えられた考古資料を展示などの博物館活動をとおしてひろく区民の郷土学習に活用していくものとして位置づけられているが、学術的な目的とは別に区民参加による「市民の考古学」の実践であることも大きな特徴となっている。一般の方が博物館考古学ボランティアとして登録し、研修を受けた後に発掘から整理にいたる遺跡調査に参加している。

調査期間中、「葛飾考古学クラブ」による現地説明会や子どもを対象とした発掘教室がおこなわれ、

埴輪出土状況の精査

埴輪出土状況の実測

埴輪の接合

発掘教室

図18 ● 葛飾考古学クラブの活動
第2～6次調査でのべ14,462名の博物館考古学ボランティアが参加した。
文化遺産を活用したシビックプライドの実践としても注目されよう。

調査終了後も博物館において整理作業をおこない、毎年年度末に開催される遺跡報告会での学術調査の報告、活動成果展の準備や展示作業などに「葛飾考古学クラブ」が主体的に参加運営している。

こうして第二次調査では、社殿西側の調査区で埴輪列と、その埴輪列の墳丘側に須恵器や土師器を故意に破砕した儀礼の場とみられる遺物集中箇所を確認している（**図19・25参照**）。また社殿西側の楠の根元付近からは中世墳墓とみられる集石などもみつかっている。

第三次調査では、社殿東側で周溝や埴輪列が確認された。周溝は社殿前面まで至らず、中央付近で西側にまわり込むことが確認でき

図19 ● 社殿西側の円筒埴輪と遺物出土状況
直線的な埴輪列の墳丘内側（写真上方）に、須恵器や土師器が故意に打ち欠いた状態で出土した（第3章2節参照）。

た。また第一次調査で石室石材が出土した地点の側から同じく石材がまとまって出土した。

第四次調査では、社殿東側で周溝と埴輪列を確認し、社殿北側に確認された周溝内からは女子像の人物埴輪が出土するなど、墳丘の上部は削平されていたが、墳丘の下部や埴輪列の遺存状況が思いのほか良好であることが判明した。

当初の計画では、第二次〜第四次の三カ年の学術調査を予定していたが、古墳や埴輪列などの遺存状況が良好であることは確認できたものの、古墳の規模、形状についてはまだ検討できる情報をえていない状況であった。そこで、調査団としてはもう一年追加調査をおこないたい旨、柴又八幡神社と地元自治会に申し入れ、第五次学術調査をおこなった。

調査は、前年に人物埴輪が出土した社殿北側を中心に、周溝の規模と埴輪の遺存状況の確認をおこなった。周溝内からは後日「寅さん埴輪」とよばれる人物埴輪をはじめ、埴輪が墳丘から流れ込んで重なる状況で出

図20 ● 社殿北側の人物埴輪出土状況

土した（図20）。注目されたのは周溝の状況で、社殿をとりかこむように北西方向にめぐるものと想定していたが、めぐっていないことであった。

調査団では、周溝の確認された状況からふたつの想定をおこなった。ひとつは周溝は古墳を全周せず、ここで収束してブリッジ状になっている。もうひとつは、周溝がさらに北側にのびる可能性である。この場合、前者は円墳、後者は前方後円墳の可能性が考えられた。

そこで、さらに第六次調査をおこなうことになった。社殿北側の石室石材の出土した地点を精査したところ、石材の下に黄灰色シルトの層がひろがり、それが北側に張り出しており、それに沿って周溝がさらに北側にのびていることが判明した（図21）。これらの状況から本古墳は円墳ではなく、社殿側に後円部、社殿北東部に前方部が位置する前方後円墳であることが確認されたのである。

図21 ● 石室石材と埴輪出土状況
社殿北側の石室石材（礫石）のまわりには黄灰色シルト層が堆積している。奥の埴輪は、図20の埴輪の下から出土している。

第3章　あらわれた前方後円墳

1　景観の復元

柴又八幡神社古墳はどのような場所に築かれたのであろうか、地形図を使って復元してみたい。**図22**は、現在の柴又地域周辺の地表面の高低差を色分けして表示した地形段彩図である。古代・中世まで、西側には利根川東遷以前の古利根川の末流が、葛飾区亀有で、南下する中川の流れと西上する古隅田川の流れに分岐し、後者の流れは武蔵国と下総国を画する境となっていた。近世以降、上流部の付け替えで流量を減らして細流となり、国境は江戸川へ移動する。東側に流れる江戸川（旧太日川）は、古代の下総国葛飾郡の中央を流れていた。江戸川の東岸には氾濫原がひろがり、さらにその東側には下総台地西端の崖線が壁のように直線的に連なっている。

全体的に西の中川から東の江戸川にかけて土地が高くなっているが、江戸川西岸の柴又地域と中川両岸の青戸・新宿・高砂地域に微高地が形成され、柴又地域と高砂地域のあいだが低くなっている様子がわかる。

　その低いところに縄文海進から古墳時代後期まで海が入り込んでいた。そのことを柴又微高地は教えてくれている。柴又八幡神社古墳の築かれた柴又微高地は海岸線に発達した砂州で、高砂方面から柴又方面、さらに江戸川にむかって東西方向に形成されている。

　ボーリング調査によると、柴又微高地の基盤には砂州形成以前の縄文海進時の海成層が堆積し、潮間帯に相当する汽水《きすい》域の環境が想定されている。その後、河川の氾濫原へと変遷して、弥生時代以前では湿地的環境を示す珪藻《けいそう》などが検出されることから河川の影響を頻繁に受ける不安定な環境であったが、古墳時代になると陸生珪藻種な

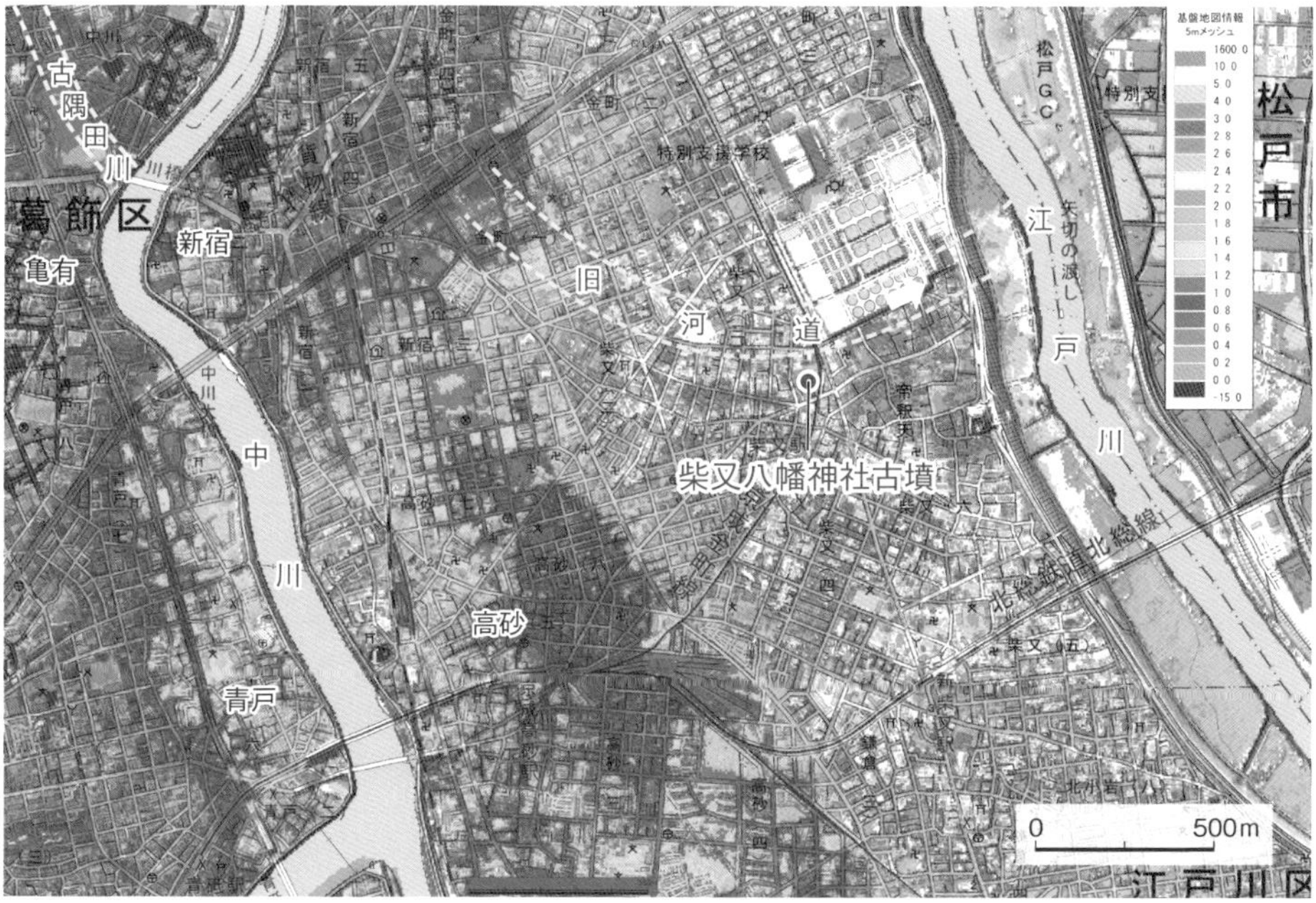

図22　柴又地域周辺の地形段彩図
江戸川の右岸に沿って帯状に形成された微高地（自然堤防）がみられるが、柴又地域は「帝釈天」から西方にかけて東西方向にも微高地（砂州）が発達している様子がわかる。

どが検出されることから安定した環境へと変わる様子が明らかになっている。

　柴又微高地の地表面の高さは、西側が高く、東側の江戸川にむかって低く、西高東低となっている。古墳は、その高まりの強い西側から低くなる東側へ移行する転換点付近に築かれている（図23）。

　平面的に柴又微高地と古墳の立地との関係をみると、柴又微高地が北側に岬状に突出したところに古墳は築かれている。古墳の築かれている柴又八幡神社の周辺をみわたすと、北方の葛飾区金町方面から柴又微高地の北側に沿うよ

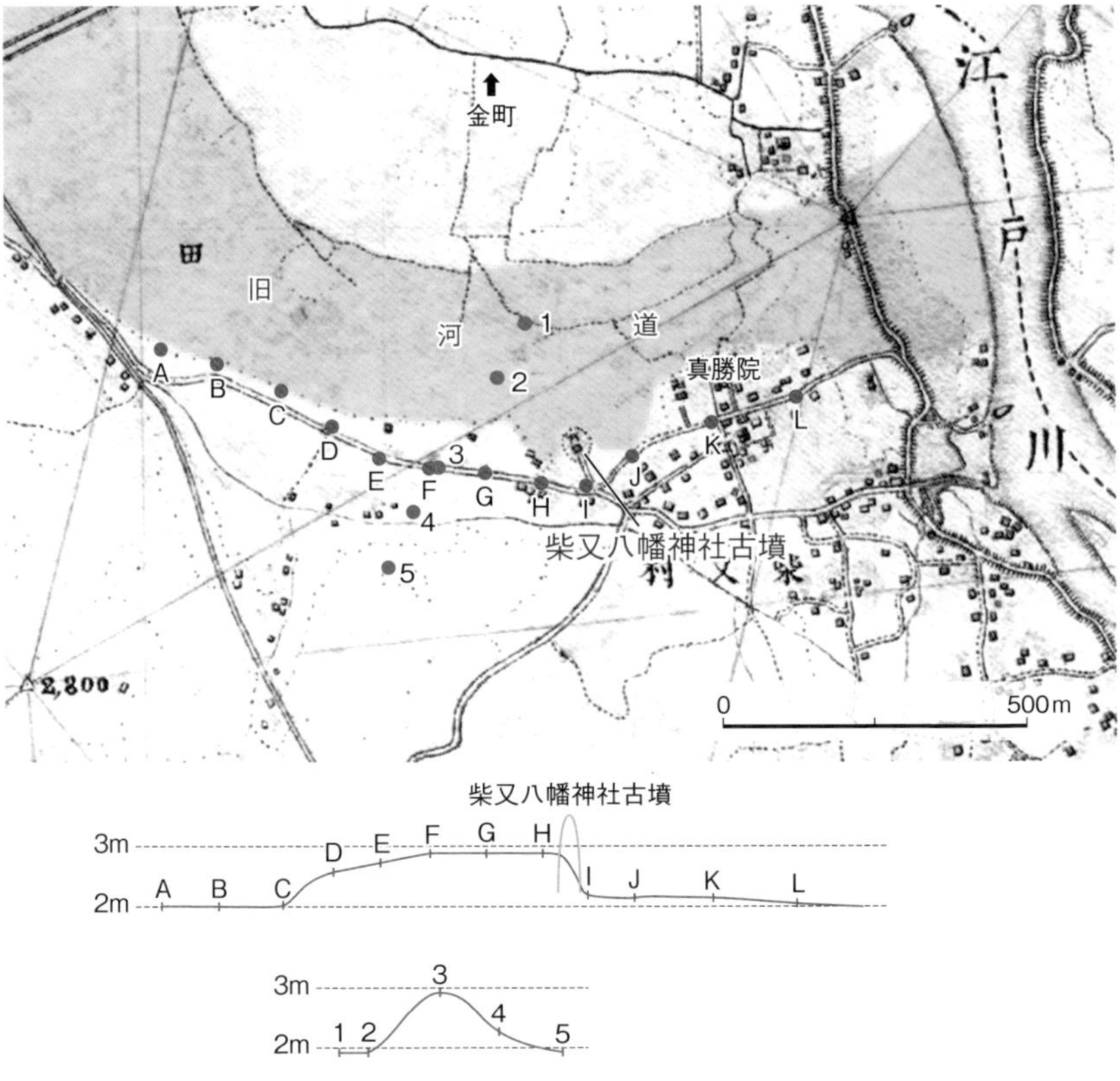

図23 ● 柴又微高地と旧河道
地形的に柴又八幡神社古墳をみると、平面的には旧河道にむかって岬状に突出した地形のところに築かれており、垂直的には西高東低の柴又微高地の高いところから低いところへ移行するところに築かれていることがわかる。

うに低位面が弧状に連続している様子が確認できる。この弧状の低位面は河道跡で、柴又八幡神社と真勝院の北側を通り、江戸川方面に至っている。この河道跡は、砂州を形成する土砂を供給した流れであった。

こうしたことから柴又八幡神社古墳が造営された古墳時代後期には、柴又微高地の南側には海がひろがり、北側の旧河道や上流部の水域は潮の干満によって干潟となる景観を復元することができる（**図24**）。さらに北側の干潟の上流をたどれば旧武蔵国北部へと連絡することができたであろうことは、埼玉古墳群の将軍山古墳石室に磯石（**図45参照**）が運び込まれていることからも明らかであろう。

海側からも内陸側の干潟からも見晴らしのきく低地にあって、人工のマウンドをもった柴又八幡神社古墳は目立った構造物であったはずである。とくに北側の旧河道に岬状に突出した地

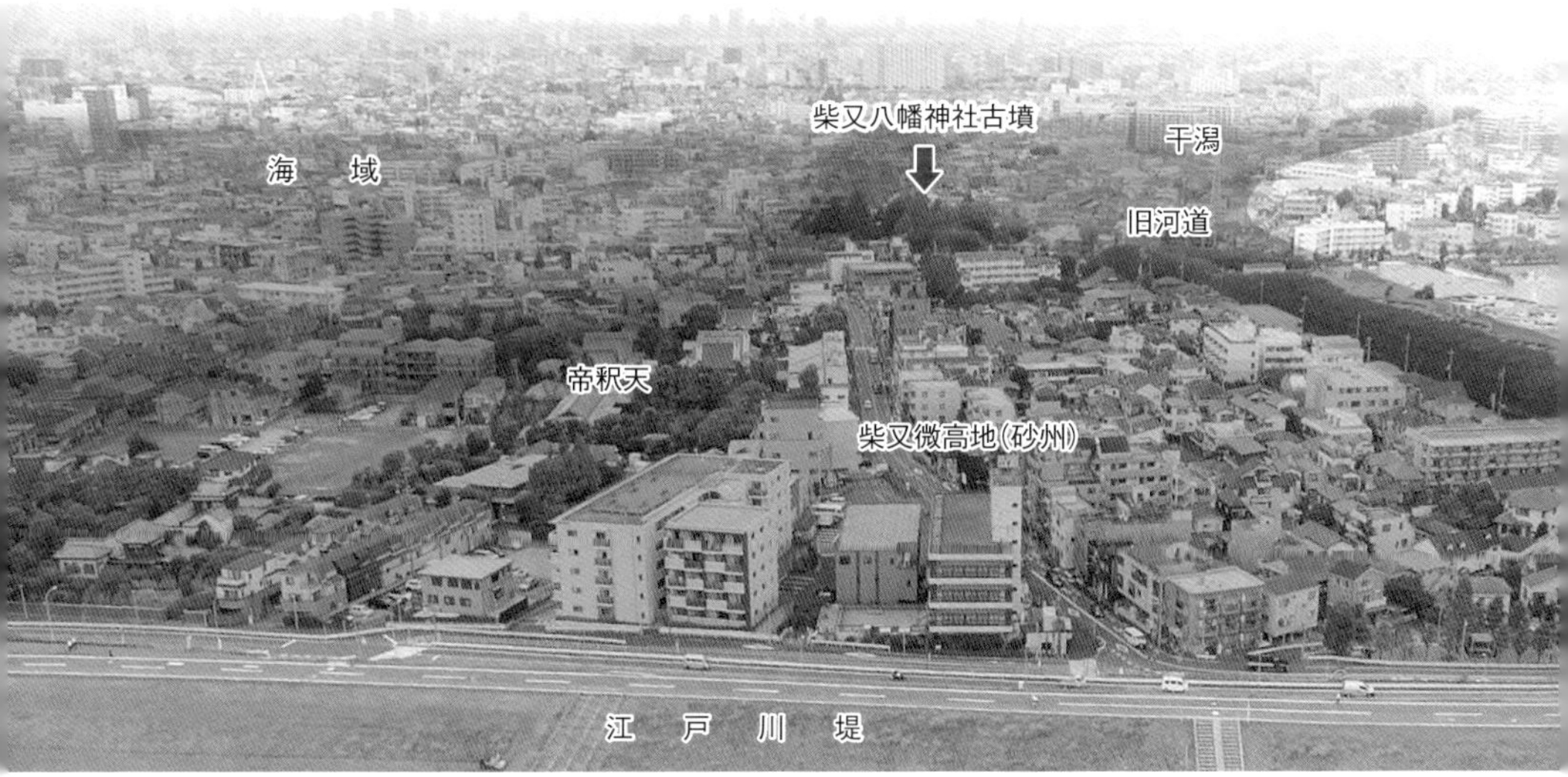

図24 ● 古墳時代後期の柴又周辺の景観復元
江戸川上空から柴又地域をドローンを使って撮影したもので、中央に柴又微高地（砂州）があり、古墳時代後期には、右手に旧河道、左手に海域がひろがっていた。

形となっており、付近を航行する船にとって格好のランドマークとなっていたことが容易に想起される。

柴又微高地の北側の水域は、南側の海にくらべて船にとって安全であり、柴又八幡神社よりも東側の低位の微高地は船の物資の積み卸しには最適な場であった。潟港と古墳との関係は、森浩一が向出山《むかいでやま》1号墳（福井県敦賀市）と敦賀の潟の関係や観音寺古墳（石川県羽咋《はくい》市）と邑《おう》知《ち》潟の関係を紹介しているのをはじめ、港や水上交通に関わる豪族の墳墓の存在が各地で報告されている。柴又八幡神社古墳周辺は地形や想定される自然環境からも港として機能していたと推察されるのである。

2　墳丘の確定

柴又八幡神社は、入り口の鳥居から参道の奥手にある社殿までゆるやかな傾斜をもってしだいに高まり、標高三・二メートルの高さに社殿が鎮座している。社殿東側は近年社務所が新築され、地表面も整地されて改変されているが、**図17**にみるように、旧状は東側にむかって低くなっており、南側にくらべて傾斜はきつい。

西側の道路面や境内地東側に隣接する児童遊園、境内地北側に隣接する区立白鷺保育園の地表面は標高二メートル前後で、境内地よりも一段低くなっている。とくに西側の道路面と北側の保育園のほうから境内地をみると、境界はコンクリート塀などで仕切られ崖状になっている。

周囲から柴又八幡神社をみると、小高いところに神社が鎮座している様子がわかる。社殿は、正面を南にむけ、境内地のなかでも一段高く整地されたところに鎮座している。社殿裏手の奥殿は玉垣でかこまれ、奥殿東側の扉から社殿下に復元された石室の部屋に入ることができる（図15参照）。

その扉を開けてなかをのぞくと、社殿下はさらに深く基礎工事がおよんでいる様子がわかり、残念ながら現在の社殿部分の基礎は墳丘を深く掘り込んでいるようである。しかし、社殿の周囲は後で紹介するように埴輪列などが遺存しており、とくに社殿の東・西・北側は良好な状況で、墳丘および周溝などが地下に保存されていることが確認されている。

周溝と墳丘の形状

周溝が社殿の北・東・西側で確認されている。東側から北側にかけて社殿を弧状にまわるようにめぐり、社殿の北西部で弧状に走行した周溝が北方向に大きく屈曲している（図25）。社殿西側は直線的で、周辺部の調査から北側では西方向に屈曲し、南側では社殿にむかって東側に走行するものと想定される。

確認された周溝の幅は、東側で四メートル、北側で六メートル、深さは社殿北側で地表面から二・二メートル、周溝外側の地表面からは五〇～六〇センチとなっている。西側では幅一・五メートル、深さ三〇～五〇センチで、社殿北側や東側にくらべ幅は狭い。上端部は確認された面で相違もあるかもしれないが、社殿北側や東側の周溝にくらべ西側は小規模な印象を受ける。

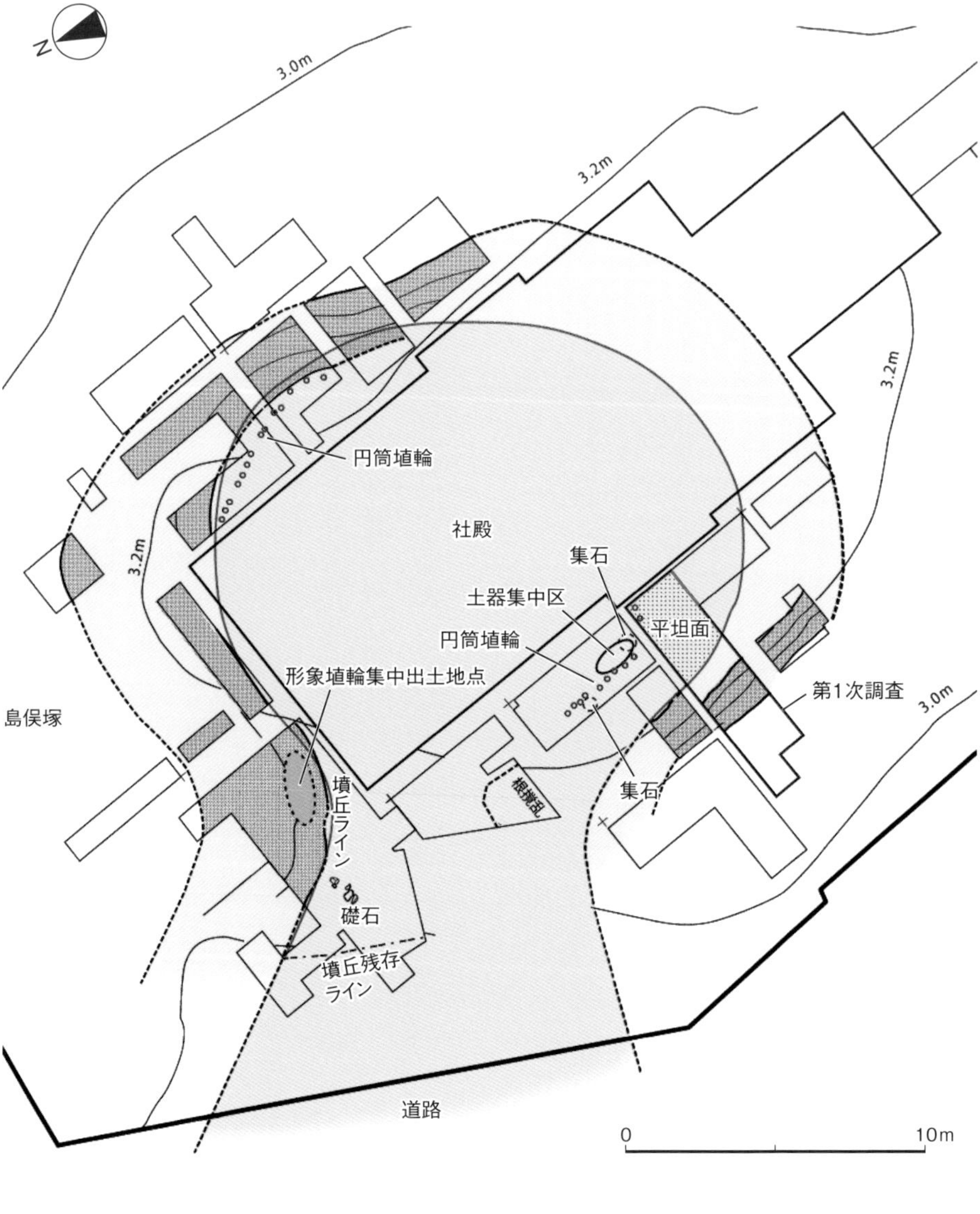

図25 ● 柴又八幡神社古墳の遺構配置
学術調査で確認された周溝、埴輪列、遺物集中区などの位置を示す。後円部の南側の周溝は社殿の下になっており、前方部の西側先端部は道路によって削平されている。

また埴輪列と周溝のあいだには二メールほどの平坦面がある。

墳丘の構築は、自然堆積土を基盤として周溝を掘り込み、墳丘にはシルト質の土を盛っており、色調や締まり具合で区分することができる。墳丘土は、褐色系シルトが主体となっており、周溝を掘った地山など古墳周辺から構築のための土を確保しているものと思われる（図26）。

古墳の形状は、第一次調査で円墳の可能性が考えられたが、第二次以降の調査により、さらに北西部にの

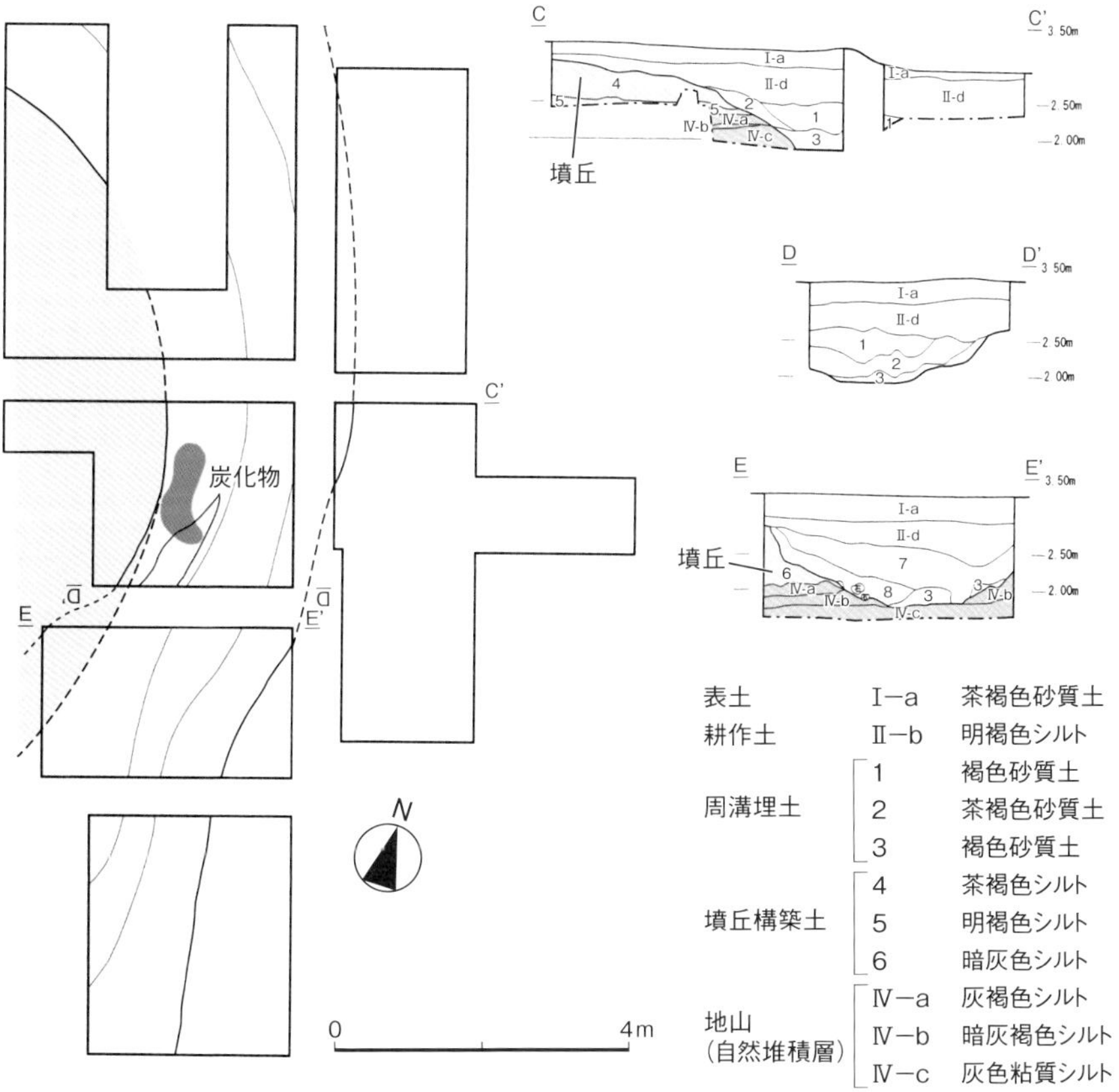

図26 ● あらわれた東側の周溝
社殿東側では良好に周溝が確認されたが、古代末から中世はじめごろに周溝を溝として再利用しており、南側のひろがりはそのときに改変されたものとみられる。

びることが判明した。つまり円墳ではない可能性が高まったのである。

第六次調査終了後、遺物整理とともに図面の整理も並行しておこなってきたが、最終報告書をまとめるにあたり古墳研究者にも意見を求めつつ熊野正也調査団長をはじめ調査担当者で協議し、最終的に柴又八幡神社古墳は前方後円墳であるという結論に至った。

その根拠となるものは、社殿の北西部での周溝と古墳の構築土である黄灰色シルトのひろがりの状況である。墳丘を全周せずに社殿北に屈曲して北西方向にのびていることから、この周溝の屈折するところが前方後円墳のくびれ部になるものと判断した。その反対側にあたる南側のくびれ部は発掘によって確認してはいないが、社殿北西部の周溝周辺の調査区の状況から想定図（**図25参照**）のような状況であると推定される。ただ残念なのは、前方部となる社殿北西部の道路側は攪乱が著しく、前方部の端部は道路で削平されている可能性がある。

埴輪列

社殿の西側と東側の調査区で埴輪列がみつかった。社殿の西側の埴輪列は九本の円筒埴輪で、上部は失われ、墳丘とは逆の西側に傾くように出土している（**図27**）。上部は失われているものの遺存状況はきわめて良好で、三段目もしくは四段目まで残っていた。

埴輪列周辺の埴輪の破片も西側に散らばるように出土していることから、社殿改築などの際に社殿から西側の道路方向に整地などの作業がおこなわれ、墳丘上部を削平するとともに埴輪列の上部も削られ、原位置を保ちながら西側に傾いたり上部を失ったものと思われる。

埴輪列（**図28**）はほぼ南北方向に直線的にならんでいるが、北側の四本と南側五本のブロックに分けることができ、両者のあいだは四〇センチあいている。埴輪と埴輪の間隔は、北側のブロックが一五〜二〇センチ、南側のブロックが二〇〜三〇センチと北側が狭く、南側のほうがあいている。後で紹介するが、南側のブロックの東側に土師器と須恵器が出土した遺物集中区がみつかっている。

埴輪の埋置状況を確認するためにトレンチを入れたが明確にすることはできなかった。埴輪の間隔が狭いことからおそらく布掘り（一本一本ごとに埋める穴を掘るのではなく帯状に掘ること）で埋設したと推察される。

この埴輪列の南に隣接して第一次調査の調査区があり（**図25参照**）、復元可能な円筒埴輪一本と別

図27 ● あらわれた西側の埴輪列
右手が墳丘、左手に周溝が位置する。埴輪の上部が同じレベルで失われ、周溝側に少し傾いている様子がわかる。

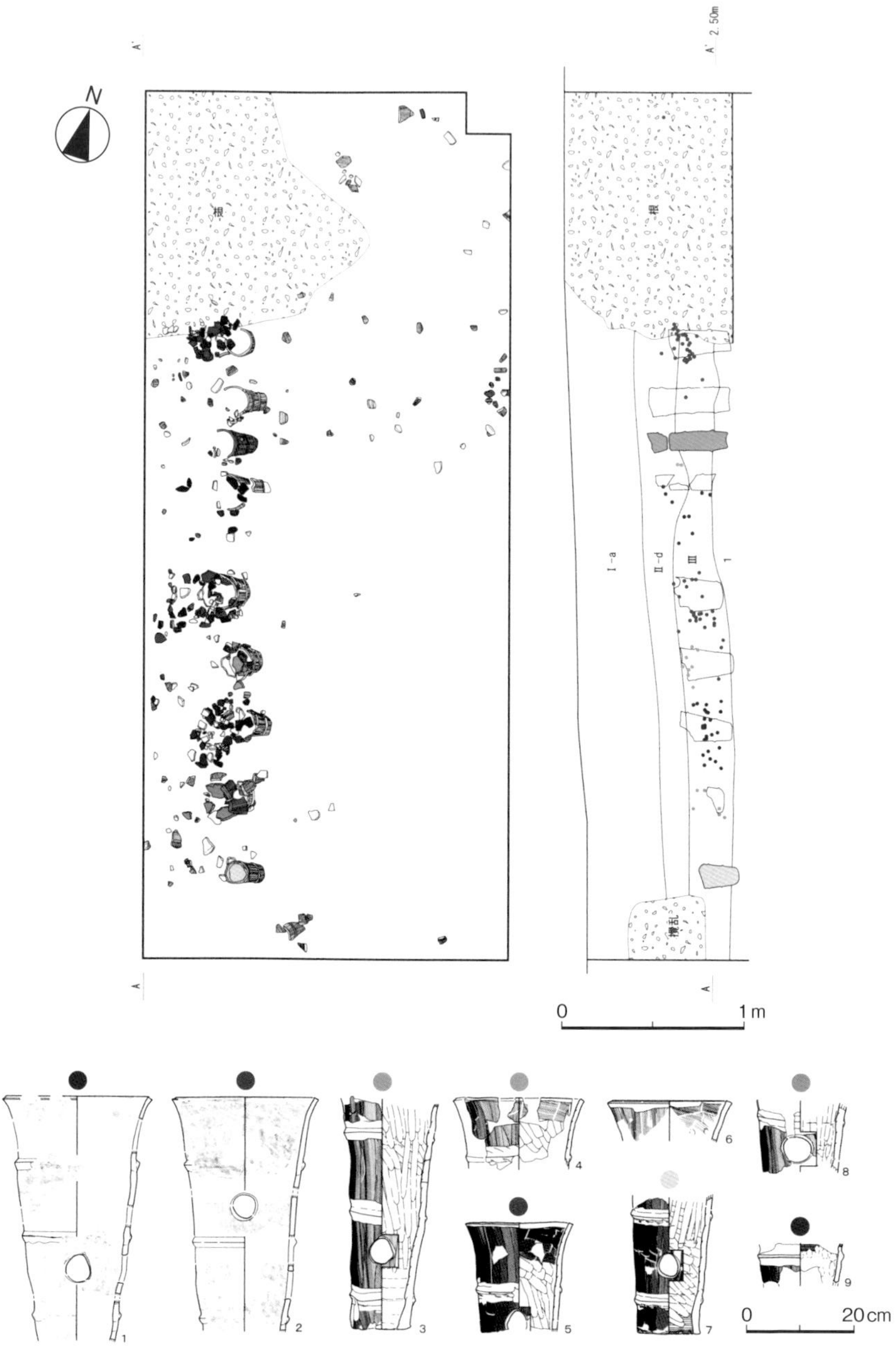

図28 ● **西側の埴輪列と出土した円筒埴輪**
社殿西側では直線的に埴輪が樹立され、南側の墳丘側で祭祀がおこなわれた様子が確認されている（図19）。良好な状態で遺存していた円筒埴輪はそのまま埋め戻して現状保存している。

個体の基部が出土している。復元可能な円筒埴輪は基部がなく、原位置はもう少し社殿側にあったものと思われ、基部を墳丘に残し、西側に倒れたものと思われる。もう一点の基部は、上部を西側にむけて出土しており、原位置に近い状況と判断される。この第一次調査の円筒埴輪の出土状況を考慮すると、埴輪列の南側ブロックのつづきは直線的にのびるのではなく、社殿のある東側、つまり弧を描くように配置されていたとみられる。

一方、社殿東側では、周溝の内側に弧状にめぐる埴輪列がみつかった（図29）。一四本確認されているが、埴輪列北側の一〇本の埴輪の上部はすでに失われ基部のみを残している状態であった。南側の四本は基部を墳丘に残して周溝内に流れ込むように押しつぶれた状態で出土しており、朝顔形円筒埴輪が一本確認されている（図30）。

図29 ● あらわれた東側の埴輪列
図30よりも北側の状況で、円筒埴輪の上から3分の2程度が失われてしまっているが、埴輪列の状況がよくわかるので埋め戻して現状保存している。

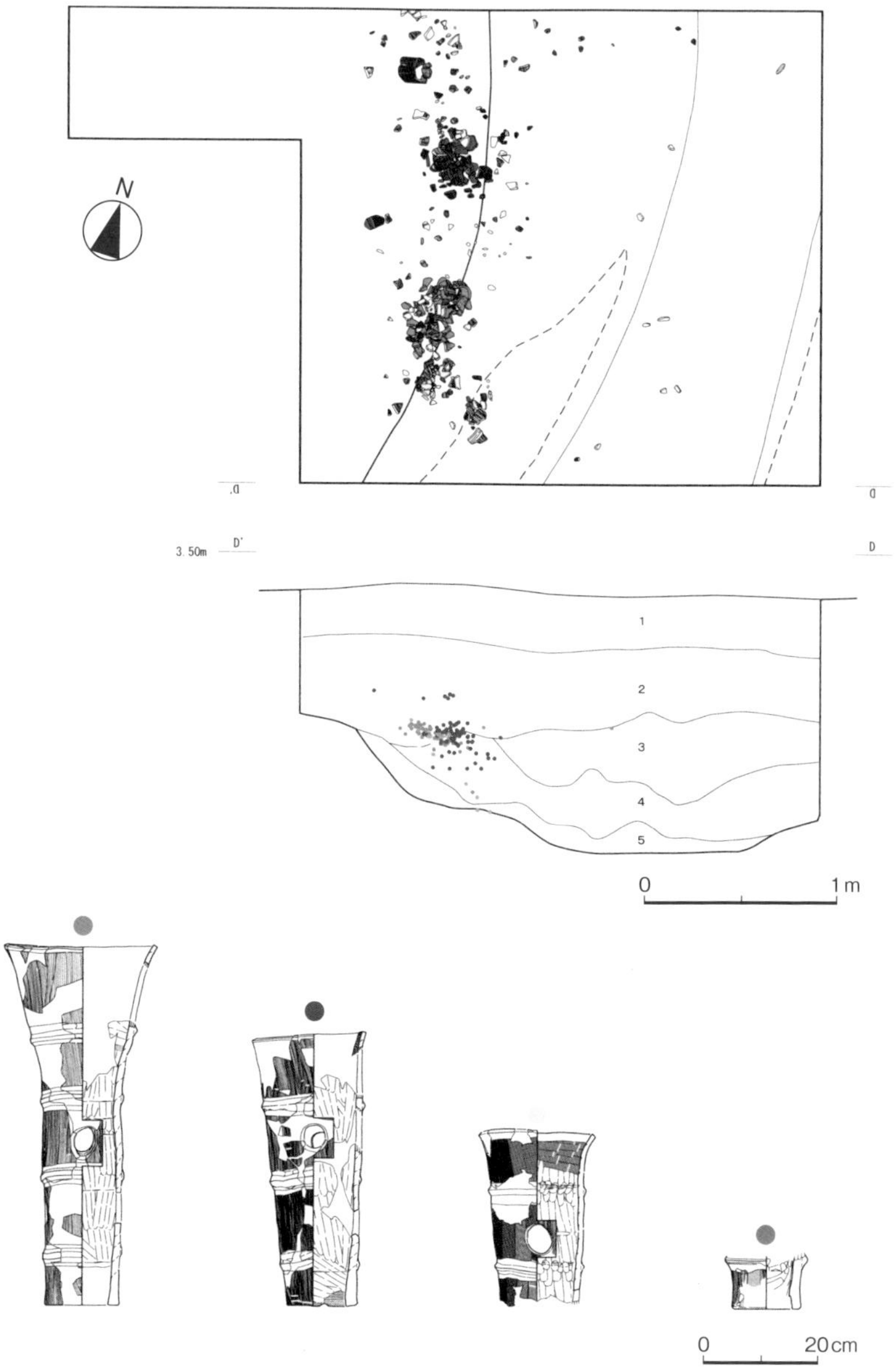

図30 ● 東側の埴輪列と出土した朝顔形・円筒埴輪
埴輪が破損して周溝に流れ込んでいる状況がわかる。
青印が朝顔形円筒埴輪。

埴輪の間隔は狭いところで一〇センチと密にならび、部分的に二〇〜三〇センチほどになっているが、後世の削平によって基部も失われた箇所もあるものと判断される。埴輪の埋置状況を確認するためにトレンチを入れたが明確にすることはできなかった。埴輪の間隔が狭いことからおそらく布掘りによる埋設と推察される。

なお調査は古墳の遺存状況の確認を目的としていたため、埴輪列のうち西側は二本、東側は南側の四本と東西埴輪列周辺の破片はとり上げたが、それ以外の埴輪は位置の測量と写真撮影後にそのまま埋め戻して保存してある。

遺物集中区

第二次調査で、社殿西側の埴輪列の東側、つまり埴輪列の内側の墳丘に須恵器、土師器などの遺物が集中して出土した（図19参照）。

出土した須恵器は、提瓶《ていへい》一点、高坏《たかつき》二点、坏蓋《つきふた》一点で（図41・43参照）、高坏のうち一点は埴輪列の破損の際に外側に散逸した状況で出土している。坏蓋は、提瓶や高坏の出土レベルよりも高く、離れた位置にあり、また形が提瓶や高坏よりも新しいことから、提瓶や高坏が廃棄されてある程度時間が経過してからのものであることがわかる。

土師器は復元可能なものが九点出土している（図41・43参照）。内訳は、坏が八点、把手付鉢一点である。基本的に須恵器の位置とは重ならず、北側に集中する傾向がみられる。出土レベルが高い土師器があり、須恵器と一緒に出土した土師器は、他の土師器よりも後から廃棄されたものと判断される。

この土師器・須恵器が一括集中して出土したところの北側部分の下と、埴輪列の北側と南側ブロックのあいだで埴輪列の外側から礫が集中して出土している（**図25参照**）。南側は六〇個ほどで、北側は約二〇個で、南側のほうが重なり合ったところもあり集中度が高い。双方の礫の出土レベルは円筒埴輪の最下段あたりに集中しており、埴輪を樹立する前のもので、古墳造営にともなうものと判断される。

想定される古墳の規模と墳形

以上のことから、想定される古墳の規模は、全長は前方部の端部が不明ではあるが、確認できる範囲は二〇〜二三メートルであることから、三〇メートル程度の規模と想定される。ただし、前方部が短い帆立貝式前方後円墳の場合は二五メートル程度となろう。後円部は直径一五メートル前後、くびれ部の幅は約八メートルで、北西方向に前方部がむく前方後円墳と想定している（**図25参照**）。

社殿は後円部に鎮座し、周溝の南側は社殿の内側で収まるものとみられるが、後円部南側の周溝は社殿東・西側の埴輪のならびからすると、想定される弧状のラインよりも外側をめぐるものとみられる。社殿西側の直線的な埴輪列と周溝とのあいだに二メールほどの平坦面が確認され、その状況が南側につづいており、張り出し状の平坦面が設けられている可能性がある。

3　石室の推定

出土した礫石は石室の残存か

第一次調査で社殿北西から石室の石材が出土していたが、隣接して設けた第三次調査の調査区からも礫石が三点出土している（図31）。中央に一番大きな石があり、左右にそれよりも小さな石がならんでいるが、これは組まれたり積まれたりした状態ではなかった。大きな石で長さ約四〇センチ、幅と厚みが約三〇センチである。

第一次調査の礫石と第三次調査の礫石はほぼ同じ高さで、三〇センチほど離れているが東西方向にならんでいる。第三次調査の礫石が出土した一五〜二五センチほど下に堆積する酸化して黄色みを帯びた黄灰色シルト（本来は白みの強いシルト）を礫石を包含する暗灰色シルトが切るように堆積している。

一方、第一次調査の土層を観察すると、同じように黄灰色シルトを切る掘り込みのなかに礫石が位置

図31●礫石の出土と土層堆積状況
石室石材が出土したまわりには、下層に黄灰色シルトが堆積している。発掘時は白色を呈していたが、空気にふれてすぐに酸化して赤みを帯びてしまう。石材の下には掘り込みがみられる。

することが確認されることから、第一次調査と第三次調査の磯石は、同一の溝状の掘り込みの埋土のなかに位置していることが明らかとなった。磯石のまわりにはほかに石室の石材はなく、すでに床面まで破壊されてしまったものと判断される。

石室をさぐる

このように石室はすでに破壊されていたが、周辺部での古墳のあり方や残存する石の量などから、柴又八幡神社古墳の石室は磯石を用いた横穴式石室であることが第一次調査の報告で想定された。磯石を石室石材として使用していることから、北区にある赤羽台古墳群の三・四号墳（**図32**）や千葉県市川市にある法皇塚《ほうおうづか》古墳（**図33**）と時期的にも近い関係にあると指摘されてもいる。

報告のなかで札幌学院大学教授の臼杵勲《うすきいさお》（当時、葛飾区遺跡調査会調査員）は、赤羽台三号墳の石室は長さ四メートル、幅一メートル程度の規模で、側壁の石

図32● 赤羽台古墳群3号墳（左）**・4号墳**（右）**の横穴式石室**
赤羽古墳群は15基の円墳から構成されており、主体部の明らかとなった13基のうち、3・4号墳の横穴式石室に磯石が使われていた。いずれも6世紀後半に位置づけられているが、3号墳のほうが4号墳よりも古く位置づけられている。

材の形状は柴又八幡神社古墳に近い礫状であることから、柴又八幡神社古墳の横穴式石室も床面が一メートル程度で、持ち送りを考慮して天井幅は八〇センチ程度の蓋石のある横穴式石室を想定している。石室の長さについては明記されていないが、赤羽台三号墳に注目していることから、四メートル程度の規模を想定しているものと思われる。

第一次調査および学術調査報告書第二分冊の考察編の報告では、柴又八幡神社古墳は石室がすでに破壊されている破壊古墳としている。しかし、一九六五年の社殿改築時の永峯の報告では、旧社殿基壇の北側基礎中に小部分砂利を敷きつめた床面が検出され、この面が石室の底面と推定している。図示されておらず正確な位置は不明だが、旧社殿基壇の北側基礎中に小部分砂利が敷きつめられた面を検出したとあることは、**図13**に写っている石組の下ということなのであろうか。

いずれにしてもこの基礎のあるライン下（**図12の社殿床下**）に石室の一部が位置すると永峯の報告からは推

図33 ● 法皇塚古墳の横穴式石室
下総台地南西部の首長墓である法皇塚古墳は、磯石を用いた横穴式石室で、現存全長約7.55m。床面には板状の石が敷かれていた。

察される。

第一次と第三次調査で確認された溝状の掘り込みを、仮に石室壁面の基礎部の掘り方と想定すると、掘り込みのところから出土した磯石のラインは石室の長軸もしくは短軸方位を示すことになる。したがって磯石列および掘り込みの南か北にむかって石室が展開すると考えられる。

このような仮定に立つと、石室はくびれ部に位置することになる。しかし、永峯が検出した床面と思われる旧社殿基礎部分から磯石までは五メートル以上離れてしまう。発掘された磯石から旧社殿基礎までの方向を主軸とすると、周溝と並行する石室となってしまい、その可能性は低く、このような想定には無理がある。

したがって石室構築材とみられる磯石は、考察編で指摘されているように原位置ではなく二次的な状況での出土と考えられる。土層の分布や旧景写真などの検討を加えると、主体部となる横穴式石室は社殿北側の基礎部分から玉垣の北隅間あたりに築かれていたものと想定される。

石室の規模については、具体的に示す資料はえられていなく、臼杵は長さ四メートル、幅一メートル程度と想定しているが、北東方向に開口し、蓋石は設けず、復元された石室の上にのせられた大きな扁平な磯石は奥壁として利用された石かもしれない。残存する石には大型で扁平なものもあり、赤羽台三号墳のような同じくらいの大きさの磯石を積むだけでなく、赤羽台四号墳のように大型の磯石を側壁に据えるような積み方もおこなわれていたものと思われる。

石室の床面を永峯は砂利としているが、社殿西側の集石などの存在から、こぶし大の礫を敷いたものとみられる。社殿西側の中世墳墓に用いられた礫は礫床を転用したものかもしれない。

第４章　「寅さん埴輪」と被葬者

１　円筒埴輪と形象埴輪

下総型埴輪と柴又八幡神社古墳の埴輪

前章で述べたように、社殿東側と西側に埴輪列が確認され、社殿北側では周溝から人物や馬などの形象埴輪がまとまって出土している。

埴輪の起源は、壺とそれをおくための台（器台）といわれている。三世紀ごろの特殊器台・特殊壺とよばれるもので、現在の岡山県を中心とした地域で発達した。三世紀の終わりごろ、特殊器台・特殊壺は据えおくものから下端を埋設するものへと変化し、円筒埴輪や朝顔形円筒埴輪が誕生する。その後、器財を模したものや人物や動物などの形象埴輪もつくられるようになり、ヤマト王権の強力な影響力のもと、前方後円墳という墓制とともに全国的にひろがりをみせる。近畿地方では六世紀になると埴輪はしだいにつくられなくなるが、関東地方では六世紀前半に埴輪をともなう古墳が増え、六世紀後半に爆発的に増加する。しかし、七世紀になると仏教の影響により、有力者は古墳ではなく寺院を造営するようになり、古墳の衰退とともに埴輪もつくられなくなる。

　柴又八幡神社古墳から出土した埴輪はいずれも旧下総国地域に分布する「下総型埴輪」とよばれるものだ（図34）。円筒埴輪の出土量がもっとも多く、全体をうかがえる個体もある。下総型の特徴の一つである突帯が三段めぐり、突帯の断面は三角を呈するものが主体で、台形を呈するものも若干ある。外面は縦方向の刷毛目、口縁部内面は横方向の刷毛目が施されるが、刷毛目は同一ではなく、数種類ある。プロポーションは細身であるが、筒状のものや口縁の開き方などバリエーションがある。

　とり上げた埴輪について、大阪大谷大学教授の犬《いぬ》木《き》努《つとむ》の分析を参照しながら柴又八幡神社古墳の埴輪の特徴をみていこう（図35）。

　円筒埴輪および朝顔形円筒埴輪は、器面に施される刷毛目や突帯の形状や間隔、プロポーシ

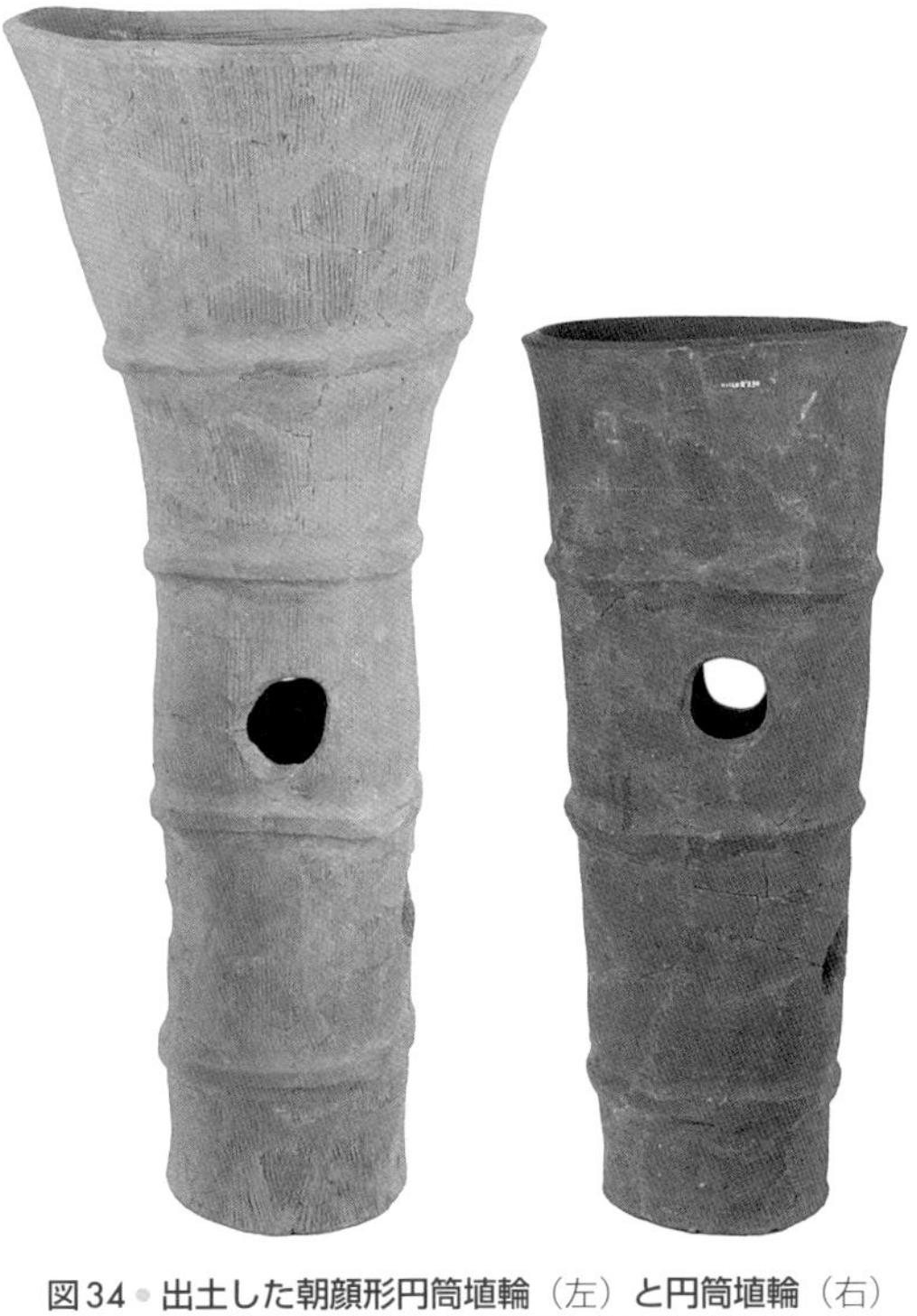

図34 ● 出土した朝顔形円筒埴輪（左）**と円筒埴輪**（右）
朝顔形円筒埴輪は、円筒埴輪の上端部にラッパ状に開くように口縁部をつくっていることがわかる。

ヨンなどの分類から、少なくとも九人の埴輪工人（A〜I類）によって製作されたと考えられている。埴輪の製作本数と工人との関係は、分析対象六一個体のうち、二人の埴輪工人が三九個体、三人が一八個体、ほかの四人がそれぞれ一個体で、二人の埴輪工人が全体の三分の二を製作している。同じ工人が製作した円筒埴輪が千葉県我孫子市にある高野山《こうのやま》四号墳でも出土し

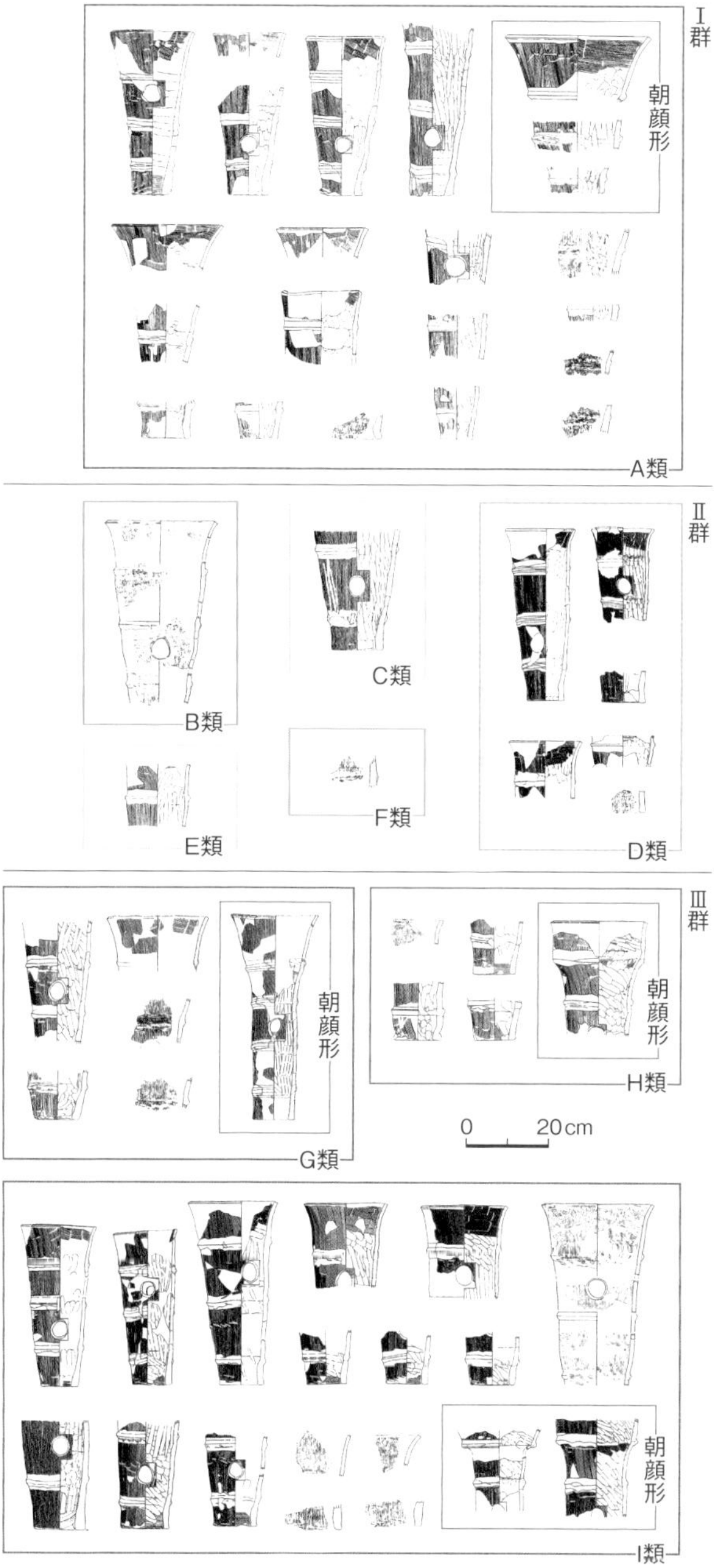

図35 出土した円筒・朝顔形円筒埴輪の分類
犬木努による分類で、A類：Ⅰ群、B〜F類：Ⅱ群、G〜I類：Ⅲ群に分けられている。

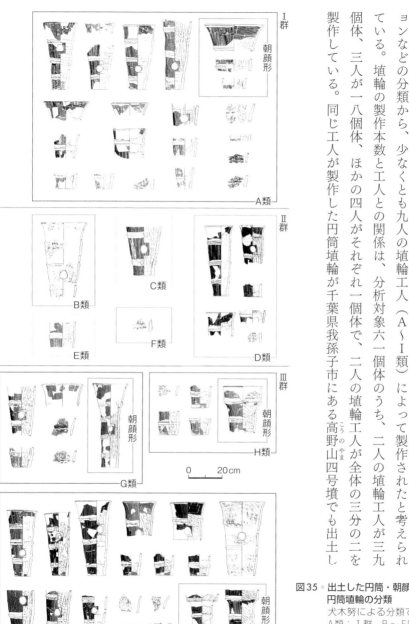

ており、また千葉県香取市《かとり》にある城山《じょうやま》一号墳出土の円筒埴輪と刷毛目が一致するが、製作工人は同一人物ではないという。

朝顔形円筒埴輪は、全体を復原できる個体が一点、社殿東側の埴輪列から出土している。上半部の破片などが社殿北側の周溝から出土している。製作した埴輪工人は少なくとも四人で、製作した個体数は偏在せず、それぞれ一〜数本とみられている。

男性像と女性像

体部から頭部まで遺存する人物埴輪が四点出土している。いずれも社殿北側の周溝出土である。**図36上**は「寅さん埴輪」とよばれ親しまれている、鍔のまわる帽子をかぶった男性像で、首から下が欠損している。首飾りと耳環がつき、額には白色塗彩が施されている。

こうした特徴から下総型の人物埴輪といえるが、下総型特有のT字状に粘土紐を貼りつけた眉毛と鼻の表現ではなく、首も長いなど細部で趣を異にしている。

図36下は結髪と腕の部分、裾よりも下半が欠損するものの、全体的に残りのよい女性像である。粘土で円形の首飾りと垂下する二列の飾りを表現している。**図37上**も女性像である。**図37下**は両手を後にひろげるポーズをとる女性像で、城山一号古墳にも後ろに手をあげている類似する埴輪がある。背中に帯状の貼付けがあり、「意須比《おすひ》」を表現した可能性がある。いずれの人物埴輪の体部には白色塗彩がみられる。

このほか複数の人物埴輪の破片が出土している。下総型の人物の腕は短めであるが、本古墳

図36 ● 出土した人物埴輪（1）
上はカバーにも登場する男性の人物埴輪の頭部。高さ24.9cm。下は女性の人物埴輪で、結髪・手先・裾部は復原している。復原高は56cm。

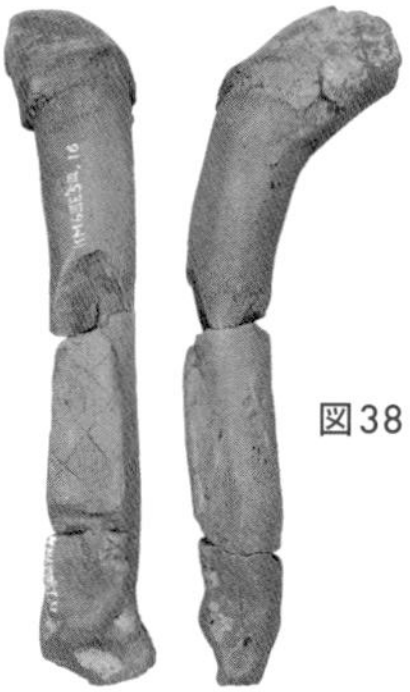

図38 ● **長い腕の破片**
腕や手を守る防具の籠手（こて）をあらわしたような貼りつけがある。長さ23.4cm。

図37 ● **出土した人物埴輪（2）**
上下ともに女性の人物埴輪。

の腕の破片には図38のように長いものがあり、下総型でも千葉県流山市の東深井《ひがしふかい》古墳群にも似たような埴輪がある。いずれも下総型の範疇に収まるもののバリエーションといえよう。

馬形埴輪

人物以外には、社殿北側の周溝から全容のわかる馬形埴輪が一個体出土している（図39）。下総型埴輪の馬形埴輪は類例が少なく貴重な資料である。大鞍や尻《しり》繋《がい》、胸繋《むながい》などを表現した飾り馬で、胴まわりは細いのにたいして首が太く、ポニーに似た体形をしている。別個体の馬形埴輪の破片も出土している。

人物埴輪を製作した工人は少なくとも四人で、その内の一人は馬形埴輪も製作している。円筒埴輪および形象埴輪と製作工人の関係をみると、円筒埴輪を三分の二製作した工人の一人は人物埴輪も製作しており、本古墳の埴輪製作に精力的に関わっていることがわかる。また、円筒埴輪を一本程度しか製作してない工人

図39 ● 出土した馬形埴輪
儀礼などのときにこのような飾りつけが施されたのであろうか。鈴の音を響かせながら闊歩する姿が想像できる。復原された高さ63cm、全長78.3cm。

が形象埴輪の製作に従事しており、円筒埴輪製作では中心的な役割ではないが、形象埴輪製作に大きな役割をはたしたことが考えられるという。

2　柴又八幡神社所蔵資料

ここでは一九六五年の社殿改築工事にともなう調査で出土したとみられる金属製の副葬品について紹介しよう。

報告した永峯によると、直刀片四振分以上、鐔《つば》、刀子《とうす》、轡《くつわ》、鉄鏃《てつぞく》片、人骨片、朱塊などが出土したとされる。現在、神社に所蔵されている資料には鉄鏃片はみられないので、もしかしたら刀子片をそのようにとらえたのかもしれない。また第2章でみた、剣が御神体もしくは宝物になっているという村高擔風の記述からすると、所蔵されている鉄刀のなかに一九六五年の改築前から伝わる鉄刀が含まれているのかもしれない。

鉄刀　図40〔鉄刀〕の1は鉄刀の茎《なかご》と刃関《はまち》付近の残欠で、関部には2の鉄製鐔と3の鐔が装着されており、関は浅い両関である。茎は茎尻にむけて幅がせばまり、茎尻は丸く仕上げられた乗尻につくられる。刀身は平造りである。鐔は倒卵形《とうらんけい》を呈し、左右三カ所、都合六カ所に方形に透しがあり、鐔のあたる中央孔の周囲が若干くぼんでつくられている。鐔は薄い鉄板で筒状につくられ、刀身の通る部分は砲弾形の孔が開く。鐔には鞘《さや》の木質の残存が確認できる。4・5は1の刀身部分と考えられる残欠である。6・7・8は鉄刀身部分の破片である。いずれも平造りで、背は若干丸みをもって仕上げられ、6・7には鞘の木質が一部残存する。9は三口分の鋒《きっさき》が銹着《しゅうちゃく》したものであり、二つに折損している。銹化と土の付着が著しいため細部の観察はできないが、いずれも平造りである。下の刀身部に鞘の木質が部分的に残存している。そのほかに、石・土の付着により観察の困難な小片が四点ある。

以上のように、鉄刀は四口以上副葬されていたものとみられ、報告した臼杵の分析によると、6・7・8の鋒と刃が同じ方向で銹着しているので、この三口はならべて副葬されていたとみられる。年代的には、大きく六世紀末から七世紀前半の時間幅のなかに収まるもので、1のほうが新しく、6・7・8のほ

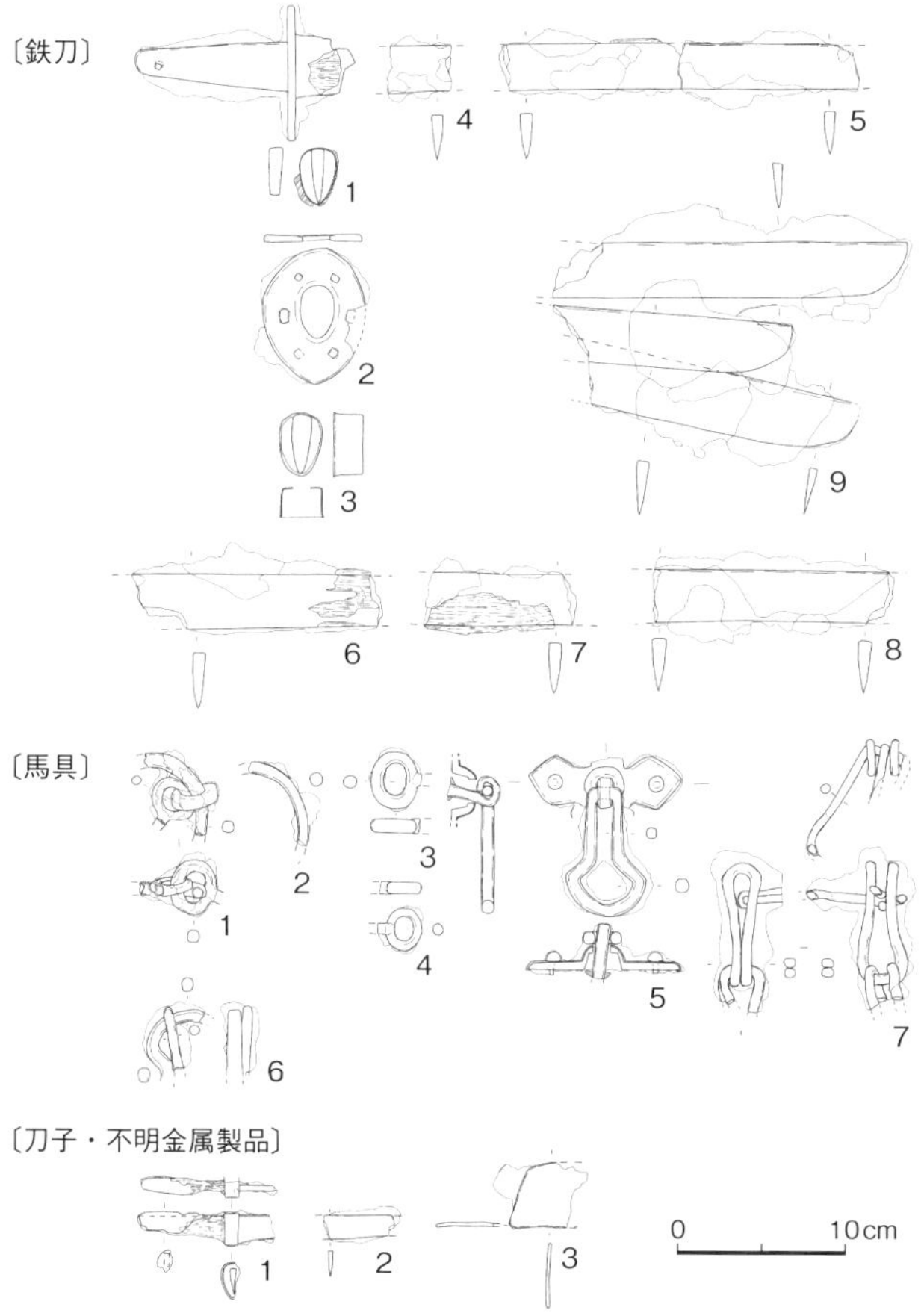

図40 ● 神社所蔵の金属製品
長く地中に埋もれていたため錆がひどく、実測にあたってはレントゲン写真を撮っておこなった。

うが古く位置づけられ、一回の副葬ではなく、少なくとも二時期、つまり追葬の可能性が考えられるという。

馬具　図40〔馬具〕の1は環状鏡板《かがみいた》付轡の破片である。2の鏡板は鉄棒を丸く鍛接《たんせつ》してつくられている。3は円環部のみが残存している。4は楕円形を呈する引き手円環部である。

5は鞍に装着される鞖《しおで》である。台座部分は鉄地銅張りで、銅板の端部は内側に折り曲げられている。本来は四つの脚部をもつ四葉形をしていたと考えられるが、脚部は二カ所が折損している。台座の中央部は半球状に盛り上がり、中心部に方形孔がある。脚部の中央部に円頭の鉄製釘が打たれ、鞍に装着される。方形孔には端部を円環状に曲げた釘が打たれ、円環部には鉄製の絞具が装着される。台座の裏側には鞍の木質が遺存している。

6は絞具の残欠で、鉄棒を曲げてつくられており、革帯を通す環部を半分程度遺存し、刺金の残欠が付着している。7は鐙《あぶみ》を鞍に垂げるための鉄製兵庫鎖《ひょうごくさり》で、数片に分かれている。鎖の環は一個体が完存し、そこに絞具の残欠と環の残欠が連結された状態で遺存している。環は鉄輪を折り曲げ、絞具には刺金を巻きつけて装着している。

馬具を報告した徳島県埋蔵文化財センターの栗林誠司（当時、葛飾区遺跡調査会調査員）は、轡は大型矩形立聞《たちきき》造り環状鏡板付轡とよばれる種類の精製品とみられ、鞖は鉄地金銅張製の四葉形を呈する類例のない座金具であるという。鉄製兵庫鎖や絞具などの鐙靼《みずお》は、古墳時代後期に一般的にみられるもので、馬具はいずれも六世紀末から七世紀はじめものとみられ、出土状況が不明なため副葬時の状況は不明であるが同一の馬装と考えられるという。

刀子・不明金属製品　図40（刀子・不明金属製品）の1は鋒付近を欠損している刀子で、茎には木製の柄が遺存し、関付近には柄を鉄製の金具で巻いている。2は刀子の鋒部を欠損する刀身部残欠である。3は用途不明の隅丸の台形状を呈すると思われる鉄板で、若干湾曲している。

3　祭祀の痕跡

出土した土師器と須恵器

社殿西側の遺物集中区からは須恵器と土師器がまとまって出土している（図41）。

土師器の坏は、図41の6・7・8は黒色処理され、9は赤彩が施される北武蔵地域の比企《ひき》型である。10は牛角状の把手の付く把手付鉢で、内面は赤彩されている。把手は体部に孔をうがって差し込んで装着している。このような把手をひとつつける器形は朝鮮半島に求めることができる。つくりは在地の技法であるが、朝鮮半島の影響がうかがえる資料として注目される。

須恵器は、図41の11は提瓶、12は坏蓋、13・14は高坏で、遺存状況は良好である。図42は社殿の東・西・北側から出土した須恵器で、1を口縁とする同一個体と考えられる甕の破片が多く確認できる。このほか3・4のような七世紀代の東海系の須恵器片も少量みられる。

祭祀跡

社殿西側の遺物集中区から出土した須恵器と土師器は、いずれも割られてつぶれた状態で出土しており、土圧ではなく、故意に破損させたもので、儀礼行為をおこなった祭祀跡と考えられる（図43）。

出土状況の分析をおこなった高崎市教育委員会の石橋宏（当時、葛飾区遺跡調査会調査員）によると、土師器と須恵器は、平面および垂直分布による出土位置の分析から1群から4群に分けられるという。1群は須恵器有蓋《ゆうがい》高坏が埴輪列の外側に一点おかれ、土師器は埴輪列の内側に三点まとまっておかれている。2群は須恵器の有蓋高坏と提瓶、土師器が埴輪列の内側の

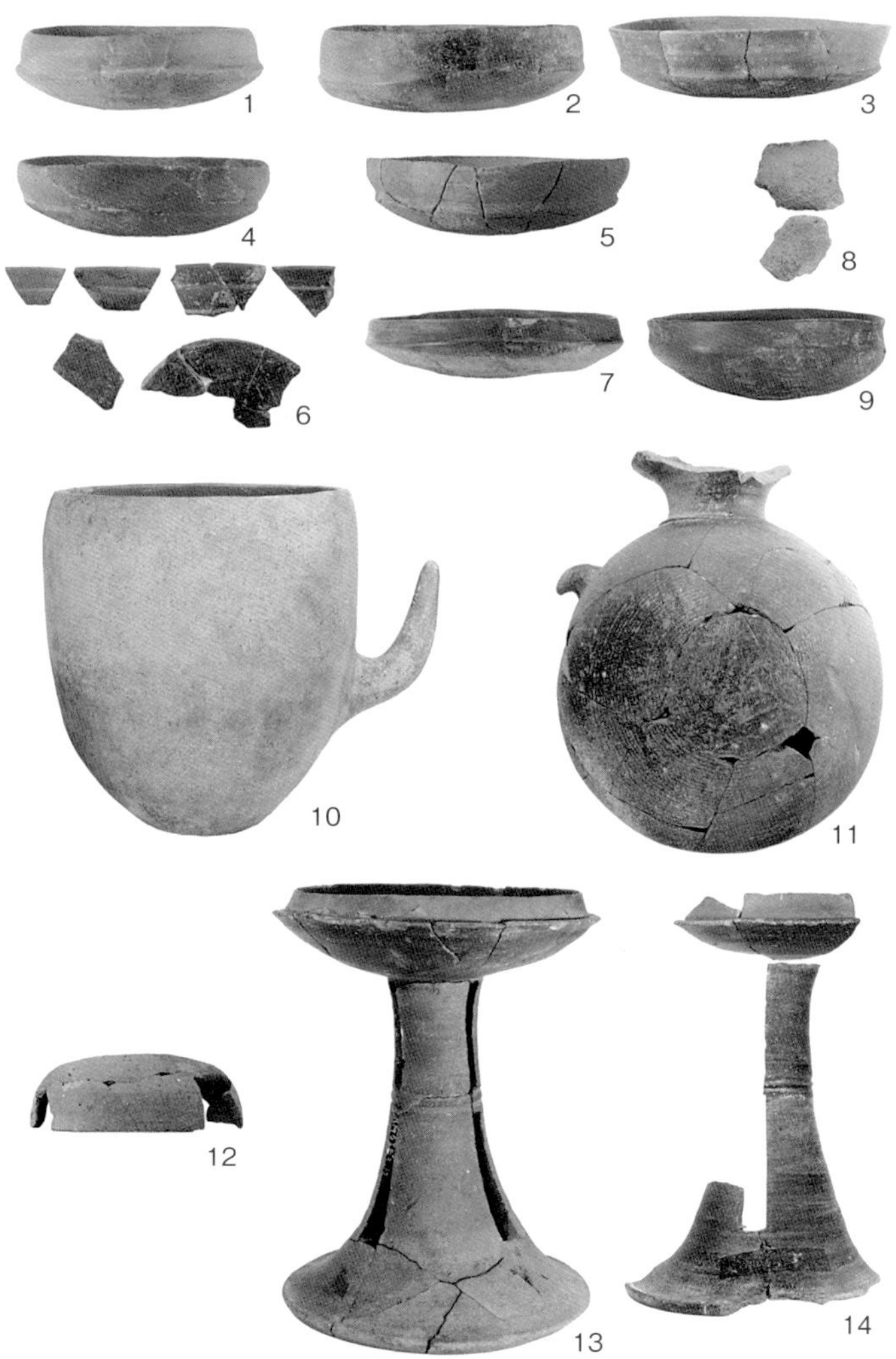

図41 ● 遺物集中区から出土した土師器・須恵器
図43に出土した状況を図示している。

埴輪近くに列をなすようにおかれている。３群は須恵器と土師器が埴輪列の内側でも埴輪から少し距離をあけて、２群よりも墳丘側のところに列状におかれている。

出土した須恵器の年代は、１・２群の須恵器有蓋高坏は六世紀末～七世紀初頭（須恵器編年のＴＫ２０９型式）に位置づけられるが、１群の有蓋高坏と２群の有蓋高坏をくらべると脚端部のつくりや脚中央の二条線の施し方が後者のほうが新しく時間差とみられる。３群の坏蓋は七世紀前半（ＴＫ２１７型式）に位置づけられる。

土師器は、おおむね六世紀後半～七世紀前半（ＴＫ４３～ＴＫ２１７型式）の須恵器と共伴する資料として位置づけられる。出土した須恵器との関係から、１群の比企型坏は六世紀末～七世紀初頭、３群の有段口縁坏は七世紀前半に位置づけられ、須恵器と土師器の出土状況と年代から１群から４群への時間的経過をたどることができる。

以上のことから石橋は、１・２群が古墳構築時に埴輪を樹立させた後におこなわれた祭祀行為で、３群は古墳構築後のある程度時間がたってからの行為と推察している。４群は、出土状況から墳丘開削時の流れ込みと考えられ、１群から３群の祭祀にともなう資料ではないととらえている。

図42 ● 社殿東側から出土した須恵器
1・2は大甕の同一個体片、3は長頸壺の口縁部片、
4は壺もしくは甕の胴部破片。

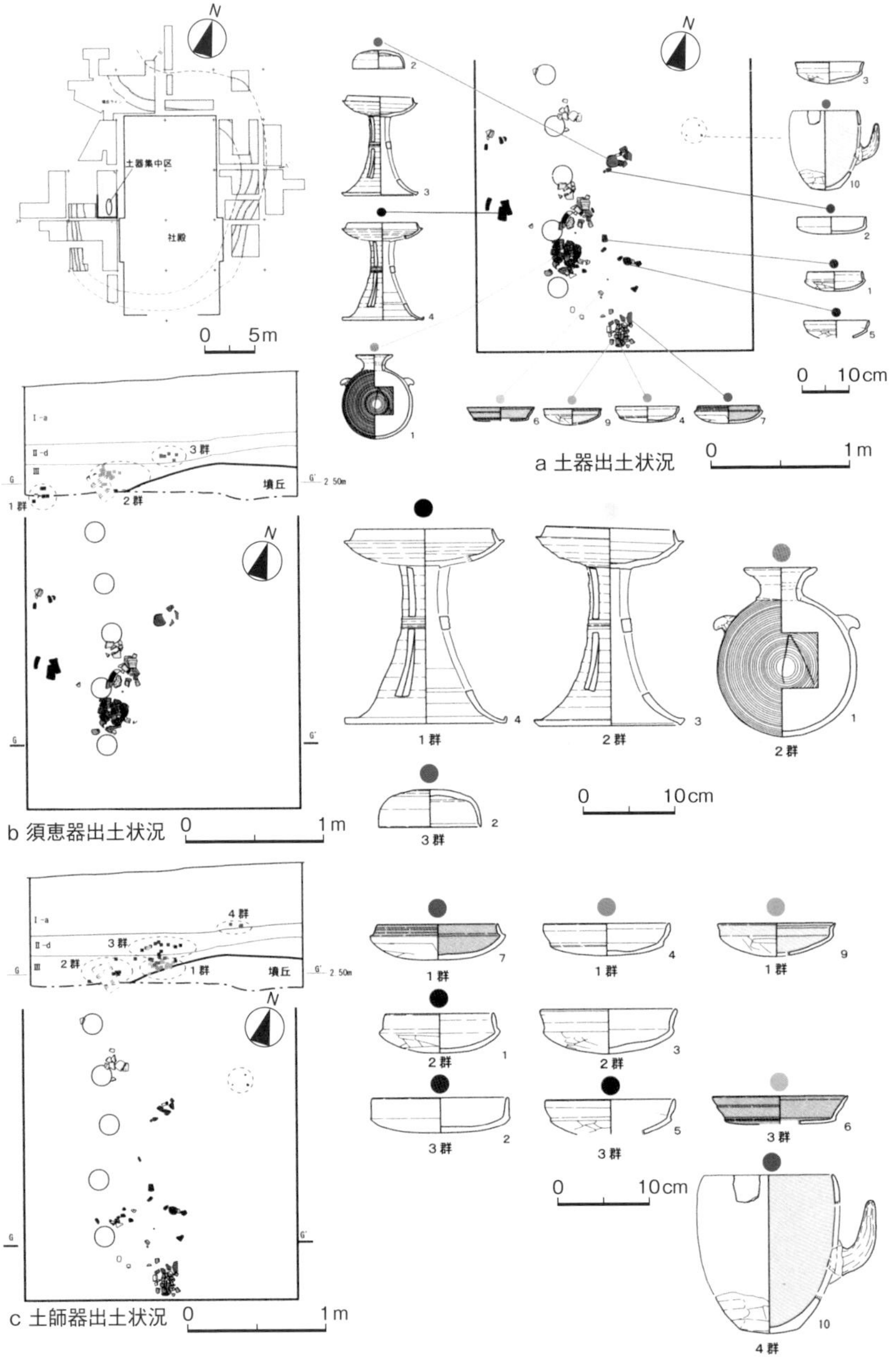

図43 ● 社殿西側遺物集中区の遺物出土状況図
遺物の集中した出土状況を分析すると、1・2・3群と分類したような時間的に3つの段階の行為が復元される。

まとめると、埴輪の年代は下総型埴輪の中段階に位置づけられ、相対的に六世紀後半というよりも末ごろと推定されている。

副葬品のうち鉄刀は、六世紀型鉄刀と七世紀型鉄刀の大きく二時期にまとまりがある。馬具は六世紀後半〜末の年代に位置づけられ、鉄刀は時間差が認められたが、馬具は同一の馬装として使用された可能性が指摘されている。

これらの遺物の年代から六世紀末から七世紀初頭が古墳造営の時期ととらえられる。主体部が横穴式石室と考えられ、遺物集中区と鉄刀に認められる時間差から七世紀前半以降に追葬がおこなわれたことが想定される。

4 被葬者をさぐる

磯石を使った石室

柴又八幡神社古墳の被葬者をさぐるにあたって、まず石室石材をみていこう。

東京低地をフィールドとして調査研究している者にとって「石」は、古墳の石室石材を身近に入手できる地域とは異なり、地域の歴史をさぐる重要な情報源となる。なぜならば、石材を入手するには、石材を産出する場所から運ばなければならず、遺跡から出土する石の産地を知ることによって、産地と供給地の関係を明らかにすることができるからである。

柴又八幡神社古墳の石室石材をめぐる問題について、最初に所見を公にしたのは永峯光一であった。永峯は「石材は浮石を含んだ凝灰岩《ぎょうかいがん》で、その上、重要なことはイシマテガイの棲管《せいかん》がちょうどアバタのように全面に残っている」点（**図44**）に注目して産地は海浜に存在したと述べ、三浦半島基部に露頭を有するいわゆる伊豆石という鑑定がえられていると報告している。そして、地元の話として矢切の渡しの少し下流の江戸川の河床にアバタのある岩盤が存在することを付記している。

一九八八年に、北総鉄道建設にともない江戸川河川敷遺跡の発掘調査で、まさに永峯が指摘した江戸川河床のアバタのある岩盤を確認することができた。この岩盤は下総台地の基盤層で、縄文海進によって浸食された波食台であった。地元では古くから「がらめきの瀬」とよばれている。

永峯の問題提起を検証するべく、江戸川河川敷遺跡の波食台と柴又八幡神社古墳の石室石材

図44 ● 柴又八幡神社古墳の石室に使われている磯石
磯石特有の貝の生痕がよく観察できる。大きな板状の磯石の断面をみると、縞状の筋が確認でき堆積岩であることがわかる。

を比較するため、薄片観察・鉱物分析・珪藻分析などの科学分析をおこなった。参考のために、北区赤羽台古墳群の同じ石材と思われる石室石材と、北区中里《なかざと》遺跡の波食崖のサンプルも一緒に分析を試みた。その結果、柴又八幡神社古墳の石室石材と赤羽台古墳群の石室石材は同類の岩石で、江戸川河川敷遺跡の波食台とは異なっていた。つまり、江戸川河床の岩盤は柴又八幡神社古墳の石室石材として用いていないことが判明したのである。

　さらに第二次から第六次学術調査でも、出土した石室石材の自然科学的分析によって産地の同定作業をおこなった結果、柴又八幡神社古墳の石室石材は、三浦層群あるいは上総層群に認められるものとされる房総半島に由来する火山砕屑岩《さいせつがん》類とされている。

　この分析結果は、古墳時代後期の石室石材として利用されるいわゆる磯石が、内房の千葉県

図45　将軍山古墳横穴式石室の磯石
かなり壊された状態であるが、床に礫を敷きつめ、
右手前に磯石が確認できる。

鋸南町《きょなんちょう》と富津市《ふっつし》の境にある鋸山《のこぎりやま》山麓の海岸部という限定的な場所ではなく、周辺地域をも含めて考慮する必要があることを示唆するものとして注目される。

柴又八幡神社古墳と同じ磯石を用いて石室を築いている例として、下総台地南西部では千葉県市川市の法皇塚古墳（図33参照）、松戸市の栗山古墳群が、武蔵野台地北東部の北区の赤羽台古墳群（図32参照）や埼玉県行田市の埼玉古墳群の将軍山古墳がある（図45）。そのほか古墳石室の石材を古代東海道の道しるべとして転用した立石様も磯石であり（図10参照）、古墳の石室であるか明確ではないものの荒川区素盞雄神社の瑞光石《ずいこうせき》も磯石である。

このように柴又八幡神社古墳と同じ「磯石」を使った古墳石室などが東京低地や周辺部、さらに北武蔵地域に分布していることは、相互の関係だけでなく、産地との関係も含め、東京低地や北武蔵地域と房総方面との交流を物語る資料として注目されるのである。

下総型埴輪と副葬品

つぎに埴輪と副葬品から被葬者の手がかりをさぐっていこう。

大化の改新前の房総地域は、「総」とよばれていたが、大化の改新後、総の南部を「上総国」、北部を「下総国」とに分けて分国した。下総国は、現在の千葉県の北部を中心として茨城県南西部、埼玉県東南部、東京都東部の一部を含めた地域となる。この七世紀後半以降に成立する下総国と同じ範囲をおもな分布域とする特徴的な埴輪の存在を「下総型埴輪」と命名したのは、第2章でも紹介した轟俊二郎である。

轟は、下総型埴輪が出土する古墳の副葬品のあり方について、不明な例も多いので断定はできないとしたうえで、少数の直刀、刀子、鉄鏃などの武器と耳環、管玉、小玉などの装身具といった後期古墳に通有な貧弱な組み合わせが普通で、玉類でもなぜか切子玉がみられず、鏡や馬具、須恵器がほとんど出土しないと指摘している。そうしたなかで、先にみたように馬具が出土する柴又八幡神社古墳はやや異例に属すると注目した。

下総型埴輪が樹立された古墳はおおむね六世紀後葉から末ごろと考えられ、近年では犬木努や東京学芸大学教授の日高慎《ひだかしん》によって、下総型埴輪に関わる製作技法や墳丘企画などの検討が進められているので、それらの研究をもとに柴又八幡神社古墳の下総型埴輪の様相を整理してみたい。

犬木は、さきほどみた埴輪工人の検討から、埴輪工人のうち一人は多数の円筒埴輪と人物埴輪を製作し、円筒埴輪は一個体しか確認できないものの人物埴輪や馬形埴輪を製作している二人の埴輪工人などの存在を浮き彫りにしている。

前者の多数の円筒埴輪と人物埴輪を製作する一人が本古墳の埴輪製作の中心的な工人であるが、後者の二人は熟練度が高く、形象埴輪の製作に大きな役割をはたしていたと想定されている。全体的には本古墳もほかの下総型埴輪を出土する古墳と同じように、特定の工人が特定の器種の埴輪製作に専従するのではなく、形象埴輪の製作を少しずつ分担するあり方を示しているという。そして、朝顔形円筒埴輪はさきにもふれた千葉県香取市の城山一号墳やそのほか千葉県長南町《ちょうなん》の油殿《あぶらでん》Ⅱ号墳に先行し、円筒埴輪や人物埴輪の構成比率や形態的特徴などから下総型埴輪のなかでも「中段階」の特徴をもつとしている。

日高慎は、下総型埴輪を樹立する前方後円墳の墳丘平面企画の分析を試みている。日高によると、下総型埴輪が出土する前方後円墳のなかでも、前方部の長さがおおむね、後円部の円周と主軸線の交点から後円部の半径の長さとなっているグループがあり、これを下総型埴輪類型とよんでいる。そして下総型埴輪類型のなかには、前方部の埴輪列の起点が、後円部の埴輪列と主軸線の交わるところとするものと、後円部の半径と主軸線が交わるところとする二つのパターンがあり、前者を高野山類型、後者を城山類型として、二類型に分類している（**図46**）。

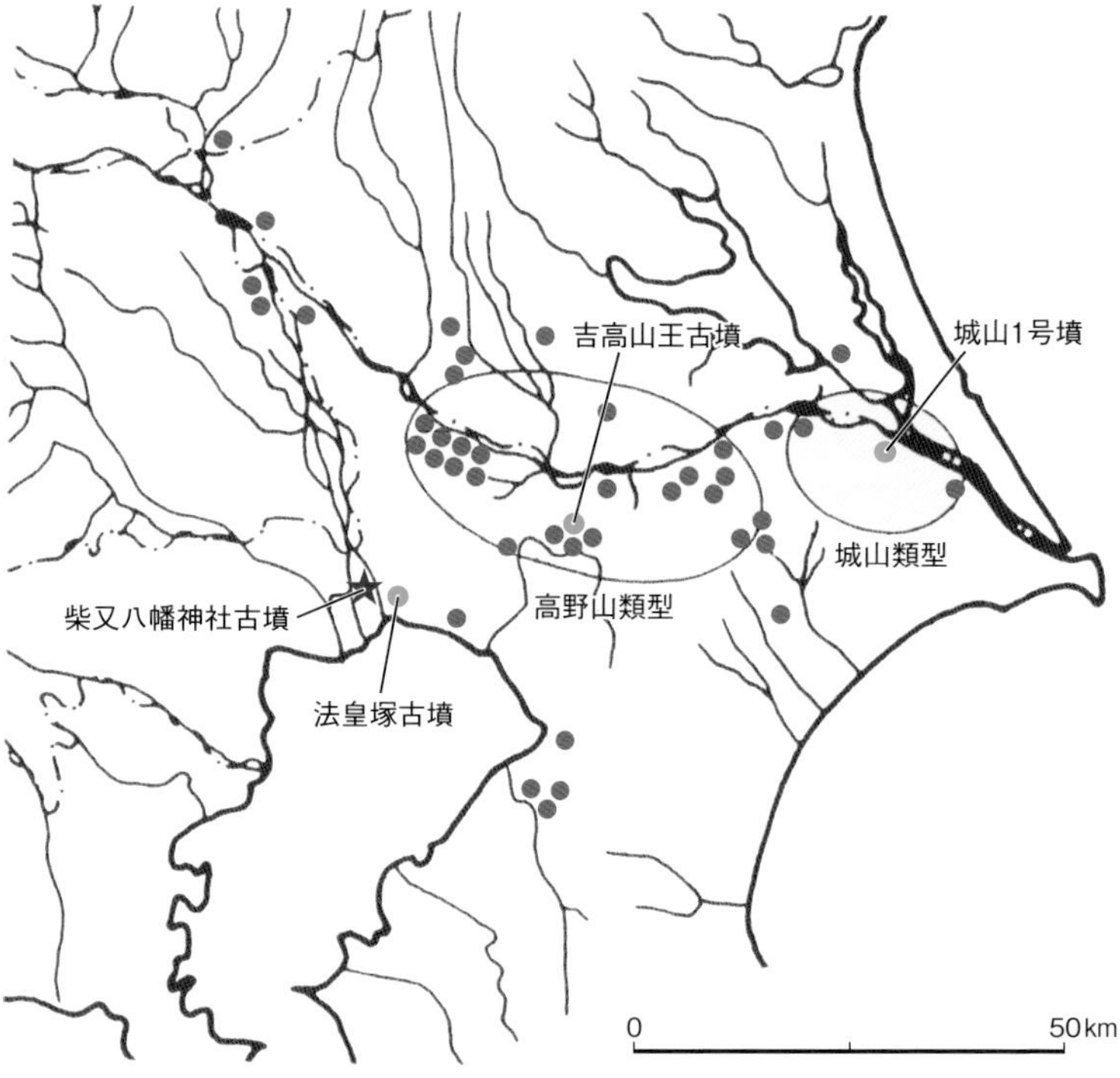

図46 ● 下総型埴輪の出土分布と各類型の分布範囲
柴又八幡神社古墳が下総型埴輪分布の西端に位置していることと、関東平野から海へ注ぐ河川の河口部に占地していることがわかる。

そして下総型埴輪を樹立する古墳の主体部は、通常、在地の石材を利用した横穴式石室・竪穴式石室・箱形石棺、あるいは木棺直葬を採用しており、下総型埴輪を樹立する古墳は、埴輪生産と墳丘築造に密接な関係があるが、内部主体の石材には明確な共通性はみいだせないと指摘する。また、土器類の出土はそれほど多くなく、内部主体からはいっさい出土せず、墳丘上におかれていると述べている。

柴又八幡神社古墳は、日高の分析によると、墳丘企画は前方部側面裾の設定方法などから千葉県印西《いんざい》市の吉高山王《よしたかさんのう》古墳に近似値を求められるとし、日高が設定した下総型埴輪類型の高野山類型に属するが、主体部の石室と副葬品について異質な面を有していることも指摘している（図47）。

柴又八幡神社古墳の被葬者像

このように柴又八幡神社古墳は、下総型埴輪を

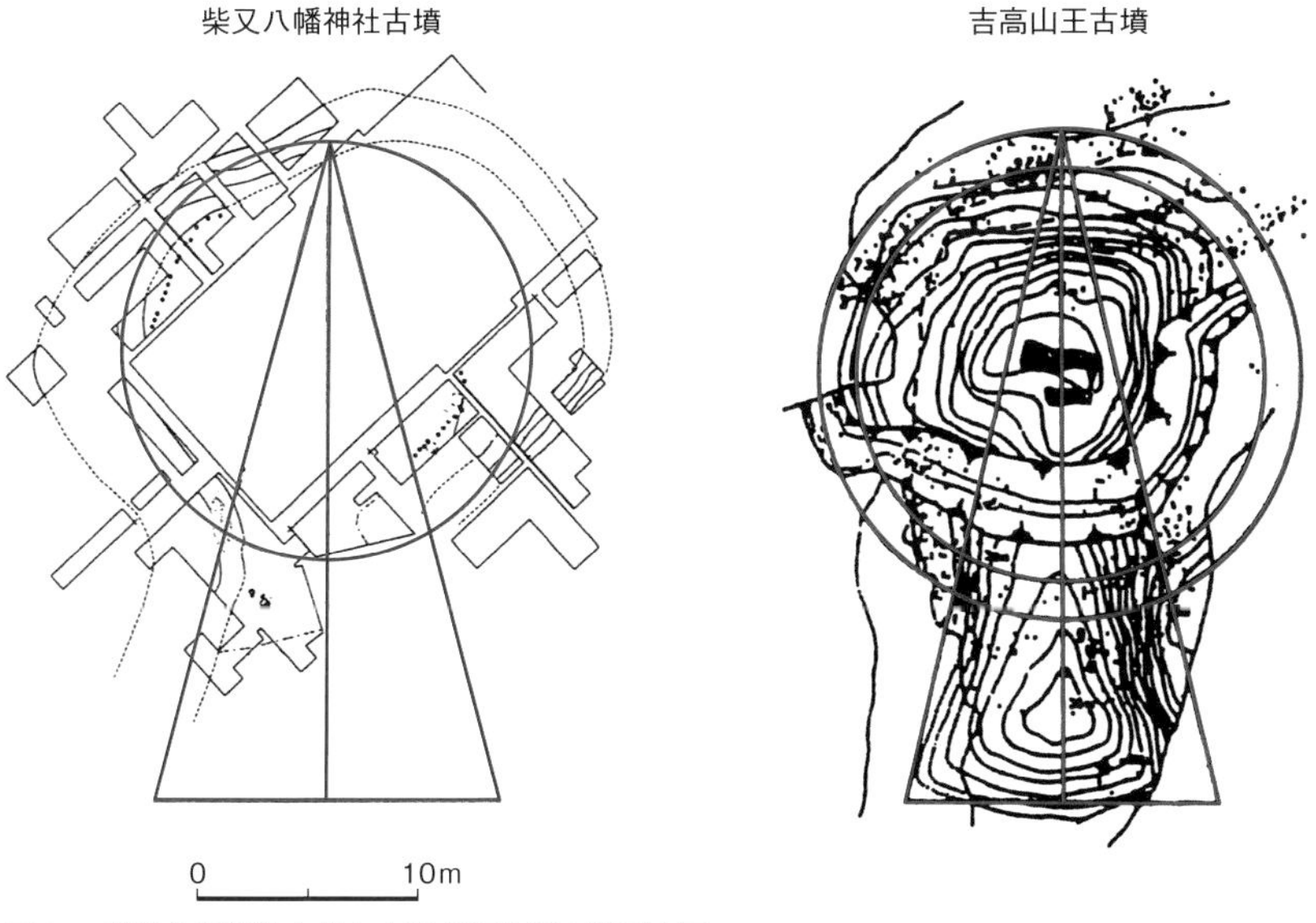

図47 ● 柴又八幡神社古墳と吉高山王古墳の墳丘企画
日高慎による柴又八幡神社古墳と吉高山王古墳の墳丘の企画を比較した図。

樹立する古墳の通常の主体部のあり方と異なる。下総型埴輪類型に属しながらも低地に位置し、磯石を用いた石室と馬具の出土という類型から逸脱した特異な面をもち合わせているのである。

このことは、この古墳の被葬者像をさぐる手がかりとなる。柴又八幡神社古墳の被葬者の人物像を求めると、日高が述べるように「北武蔵地域と上総地域との交流に深く関わった」人物であることは疑いないところであろう。具体的には低地にあって交通の要衝を直接的に管轄する人物であったとみられる。

そして柴又八幡神社古墳の被葬者は、渡来文化をも享受できる人物でもあった。柴又八幡神社古墳から出土した把手付鉢（図41参照）は、先に記したように直接朝鮮半島から招来されたものではなく、模してつくられた土師器であるが、渡来系の資料として注目される。

それとともに鍔のまわった帽子を表現した人物埴輪頭部（図36上参照）も渡来文化との関係が注目される。その風貌と出土した日が渥美清さんの命日と同じ八月四日であったことから新聞やテレビで「寅さん埴輪」とよばれて親しまれているこの埴輪は、葛飾柴又ならではのインパクトのある資料といえるが、学術的には帽子を着装する風習は当時の朝鮮半島の男子の正装を模した人物埴輪として評価される。把手付鉢土師器と帽子をかぶった埴輪は、朝鮮半島を源泉とする渡来系の資料として注目されるのである。

さらに、この古墳の被葬者は下総台地南西部の勢力にとって交通の要衝の管轄だけにとどまらず、生業活動など低地開発の最前線をも管轄した人物とみられるのである。その点について、章をあらためてみていこう。

第５章　東京下町の古墳時代

1　下総台地南西部勢力の進出

東京低地東部では、前章に記したように、五世紀の空白期をへて六世紀になると新しい集落が営まれ古墳も築かれるようになるが、東京低地東部を眼下にのぞむ下総台地南西部も、いまのところ五世紀代の集落は確認されるものの古墳群は形成されていないとみられ、六世紀になると栗山古墳群や国府台《こうのだい》古墳群を形成するようになる。下総台地南西部と東京低地東部の集落や古墳は別個に存在しているのではなく、有機的な関係にあったことは容易に想像される。

下総台地南西部での六世紀の古墳群形成に象徴される新勢力の出現と東京低地東部での古墳・集落の形成は時期を同じくしているが、時期だけでなく、資料的にも後でふれる南蔵院裏古墳の埴輪と栗山古墳群出土の埴輪に類似点がみられることや（図50参照）、国府台古墳群でもひときわ際立った存在である法皇塚古墳の石室（図33参照）と柴又八幡神社古墳の石室の石材が同じ磯石であるなどからも、両地域の関係が密接なものであったといえる。

しかし、両地域の関係は対等なものだったわけではない。法皇塚古墳と柴又八幡神社古墳は、石室の石材や馬具を副葬している点では共通しているが、法皇塚古墳は五〇メートル級の前方後円墳であり、古墳や石室の規模、副葬品の内容から（図48）、その優位性は明白である。

この古墳の規模や副葬品にみられる格差は、南蔵院裏古墳や柴又八幡神社古墳が所在する東京低地東部と下総台地南西部の古墳群との関係を示唆しているように思う。つまり、東京低地東部の南蔵院裏古墳や柴又八幡神社古墳の被葬者は、下総台地南西部の法皇塚古墳などの被葬者の下に属する在地の有力者という関係が読みとれるのである。

図48 ● 法皇塚古墳の金属製副葬品類
1は衝角付冑、2・3は鉄鏃、4は鉄釘状止金具、5・7は大刀、6は鉄製鍔や鉄製金象嵌鍔などの刀装具類、8は刀子。

したがって、下総台地南西部に勢力を有する首長は、東京低地東部も領域として管轄下に治める立場にあり、六世紀における下総台地南西部での新勢力の出現と、東京低地東部への進出とは切り離しては語ることができないことを指摘しておきたい。

古墳時代後期における東京低地東部の集落と古墳の分布は、大きく二つのグループに分けることができる。ひとつは柴又八幡神社古墳と古録天《ころくてん》遺跡・古録天東遺跡・新宿《にいじゅく》町遺跡などの江戸川右岸に展開する柴又地域の集落で、もうひとつは南蔵院裏古墳と鬼塚遺跡・本郷遺跡などの中川流域に展開する立石・奥戸《おくど》地域の集落である（図49）。

両グループとも古墳時代後期に集落を形成しているが、同じ古墳時代後期でも古手の土器が鬼塚遺跡から出土しており、厳密には立石・奥戸地域のほうが柴又地域よりも一足早く進出したとみられる。

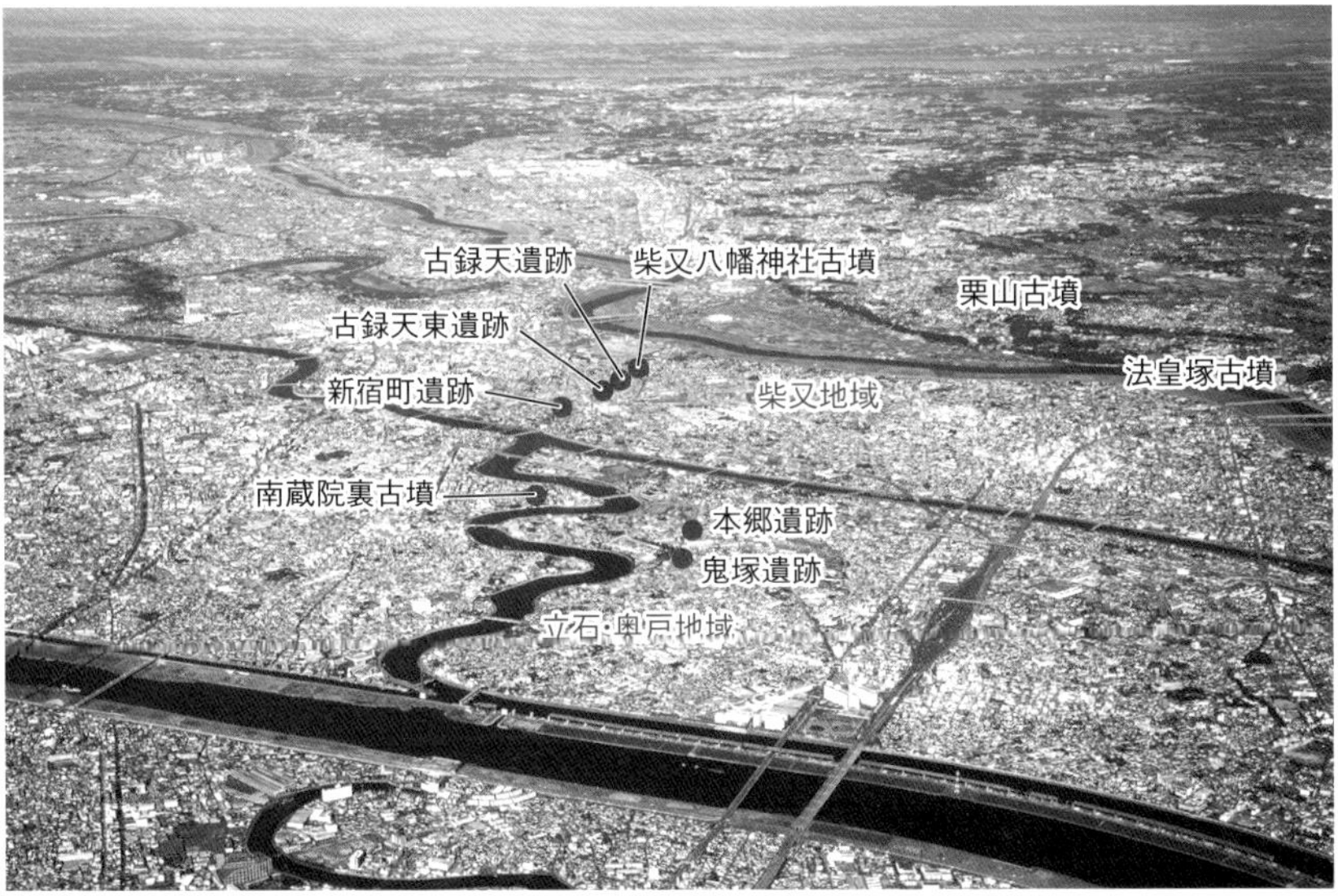

図49 ● 東京低地東部と下総台地南西部との関係
東京低地東部には、古墳時代後期から柴又地域と立石・奥戸地域に集落と古墳が営まれるようになるが、いずれも下総台地南西部の影響が顕著にみられる。

この南蔵院裏古墳に関連して、埴輪の胎土分析で興味深いデータがえられている。柴又八幡神社古墳出土埴輪と南蔵院裏古墳出土埴輪の胎土分析をおこなったところ、異質であることが明らかとなった。柴又八幡神社古墳出土埴輪は東京低地東北部の堆積物に由来する可能性が高いとされるが、南蔵院裏古墳出土埴輪は、胎土の鉱物組成から、地域を特定するまでには至らないが栃木県北部や群馬県北部、神奈川県西部などの遠距離の地域で製作された可能性が指摘されている。

そこで注目されるのが松戸市の栗山古墳群と南蔵院裏古墳との関係である（図50）。ほぼ同時期の古墳で、人物埴輪の頭部の目や口の表現なども類似しており、石室石材も磯石である。そして栗山古墳群の埴輪は群馬県に系譜が求められており、胎土分析の結果と照らし合わせると、南蔵院裏古墳出土埴輪も群馬県方面との関連が想定される。

六世紀における東京低地東部および下総台地南西部は群馬方面との交流があり、その影響を考慮すべきであろう。言い方をかえると、下総型埴輪が成立する以前は、埴輪などに群馬県方面の影響も認められるが、下総型埴輪成立後には群馬県方

図50●栗山古墳の埴輪（左）と南蔵院裏古墳の埴輪（右）

面の影響は薄れ、下総型埴輪の分布が物語るように、後の下総国という地域的なまとまりが形成されたとみられる。

2　渡来文化の波及

最近、下総台地南西部と東京低地から朝鮮半島系の資料の出土が増加してきていることも注目される。東京低地における朝鮮半島系の資料は、柴又八幡神社古墳から出土した帽子をかぶった埴輪や把手付鉢だけでなく、足立区の伊興《いこう》遺跡では五世紀初頭以前の百済系の瓶形陶質土器や五世紀後半以降の伽耶《かや》系の壺形陶質土器など朝鮮半島系の土器の出土が知られている。

下総台地南西部の松戸市や市川市内からも近年、朝鮮半島系の資料が増加してきている。千葉県松戸市の行人台《ぎょうにんだい》遺跡から甑《こしき》と鋳造鉄斧《てっぷ》をはじめとする渡来系遺物が出土し注目されている（図51）。甑と鋳造鉄斧は五世紀中葉とされる住居跡からの出土で、両者とも渡来系の色彩の強い資料と報告されている。また、この住居跡以外からも朝鮮半島の洛東江下流域（伽耶東部）の坏もしくは高坏と思われる五世紀中葉の土器の出土が確認されている。

松戸市の大谷口《おおやぐち》遺跡でも、六世紀代の住居跡から柴又八幡神社古墳から出土した把手付鉢と同じ把手の出土が確認されている。また、千葉県市川市内でも、下総国分寺跡と曽谷南《そやみなみ》遺跡から七世紀前葉から中葉の新羅式の短頸壺がそれぞれ一点ずつ出土している。市川市内ではその後も朝鮮半島系の土器の出土が報告されている（図52）。

これら朝鮮半島系の土器などの渡来系の資料について日高慎は、行人台遺跡では渡来後の二世や三世の世代の人の居住を想定している。さらに朝鮮半島系の甑などの土器と鋳造鉄斧が一緒に出土していることに注目し、渡来系文物と新しくもたらされた情報が太平洋沿岸地域から河川交通によって内陸部へと運ばれたものと想定している。

一方、伊興遺跡の資料について駒澤大学教授の酒井清治は、朝鮮半島で製作された可能性が高いことを前提に、五世紀代の渡来人は在地の人びとと混在して居住しており、七世紀以降の政治的に集団で居住したあり方とは異なっていたと述べ、伊興遺跡は大阪府の陶邑《すえむら》窯跡群の古式須恵器が多く出土していることから、水上交通と関わる拠

図51 ● 行人台遺跡の出土遺物
いずれも5世紀代のもので、上は朝鮮半島から搬入された可能性の高い陶質土器。右下の甑は把手をもち底部に孔が複数あけられている多孔式甑とよばれるもので、朝鮮半島の製品を模したもの。左下は鋳造鉄斧で朝鮮半島南部から持ち込まれたもの。

点的な集落と位置づけている。また、市川市内の資料について酒井は、国府や国分寺が設置された場所で、それらの施設がおかれる前段階に官衙的様相をもつ施設の存在があり、その関係で新羅人が居住したことを想定している。

以上の朝鮮半島系の資料については、直接、朝鮮半島からもたらされたものなのか、在地で製作されたものなのか、また影響を受けたものなのかなどの評価の仕方によって解釈は異なってくるが、考古学的に東京低地や下総台地南西部では五世紀代から渡来文化がもたらされていることは疑いようがない事実といえる。

ただし、いち早く渡来文化が受容された上毛野《かみつけの》にくらべ、東京低地や下総台地南西部は渡来文化の痕跡は希薄であり、面的というより点的な存在でしかない。それでも、日高や酒井が指

図52 ● 市川市内出土の渡来系土器
1は短頸壺、2は把手付壺、3・4は坏で7世紀代のもの。
朝鮮半島の新羅土器に似た製品で、新羅から来た渡来人が製作し使用したものと考えられている。

摘するように、渡来系の遺物が出土する場所は交通や政治性の強い場所と関わることに注意すべきであろう。

一般的に朝鮮半島系の土器は五世紀に多く認められるが、六世紀になるといったん希薄になり、七世紀にふたたび多く出土する傾向がある。この背景には朝鮮半島の政治情勢が大きく影響していることは周知のとおりであり、とくに七世紀以降は六六〇年の百済滅亡、六六八年の高句麗滅亡によって朝鮮半島の多くの人びとが日本に渡ってきたことが知られている。

このような朝鮮半島の動向によって半島からの人びとの流入を受け、七世紀後半以降、渡来系移民の集団移住や建郡の記事が『日本書紀』などにみられるようになる。伊興遺跡や柴又八幡神社古墳の資料は、東アジア世界の波動が東京低地にもおよんでいることを教えてくれている。そして、朝鮮半島の渡来系資料をこの地域にもたらしたのは陸上の交通もさることながら、船による交通によるところが大きかったと思われる。

3　ヤマト王権と東京低地

海と内陸を結ぶ

つぎに、古墳の石室からうかがえる畿内・ヤマト王権との関わりについて整理しておきたい。

聖徳大学教授の松尾昌彦は、六世紀後葉にみられる磯石や筑波石や緑泥片岩《りょくでいへんがん》などの石室石材と埼玉県鴻巣市の生出塚《おいねづか》埴輪窯の埴輪や下総型埴輪の同時多発的な地域間交流は、その後の六世紀後葉以降の比企型坏や有段口縁坏・常総型甕の広がりとほぼ重なりあうことから、「六世紀後葉に在地首長主導で行われた地域間交流が、それ以降一般民衆も含めた交流に展開し、最終的には地域圏そのものの再編を促したと見ることが可能である」と述べている。松尾はその背景について、ヤマト王権が目指す東北経営のための施策の一つとして、東国諸地域の再編を意図した在地首長への働きかけがあったと想定している（図57）。

石室の形態からも畿内やヤマト王権との関わりが注目されている。たとえば、畿内系片袖石室は、六世紀前半以降、古東海道を経由して東海地方の有力な前方後円墳などに採用されることを静岡県浜松市教育委員会の鈴木一有《かずなお》が指摘してい

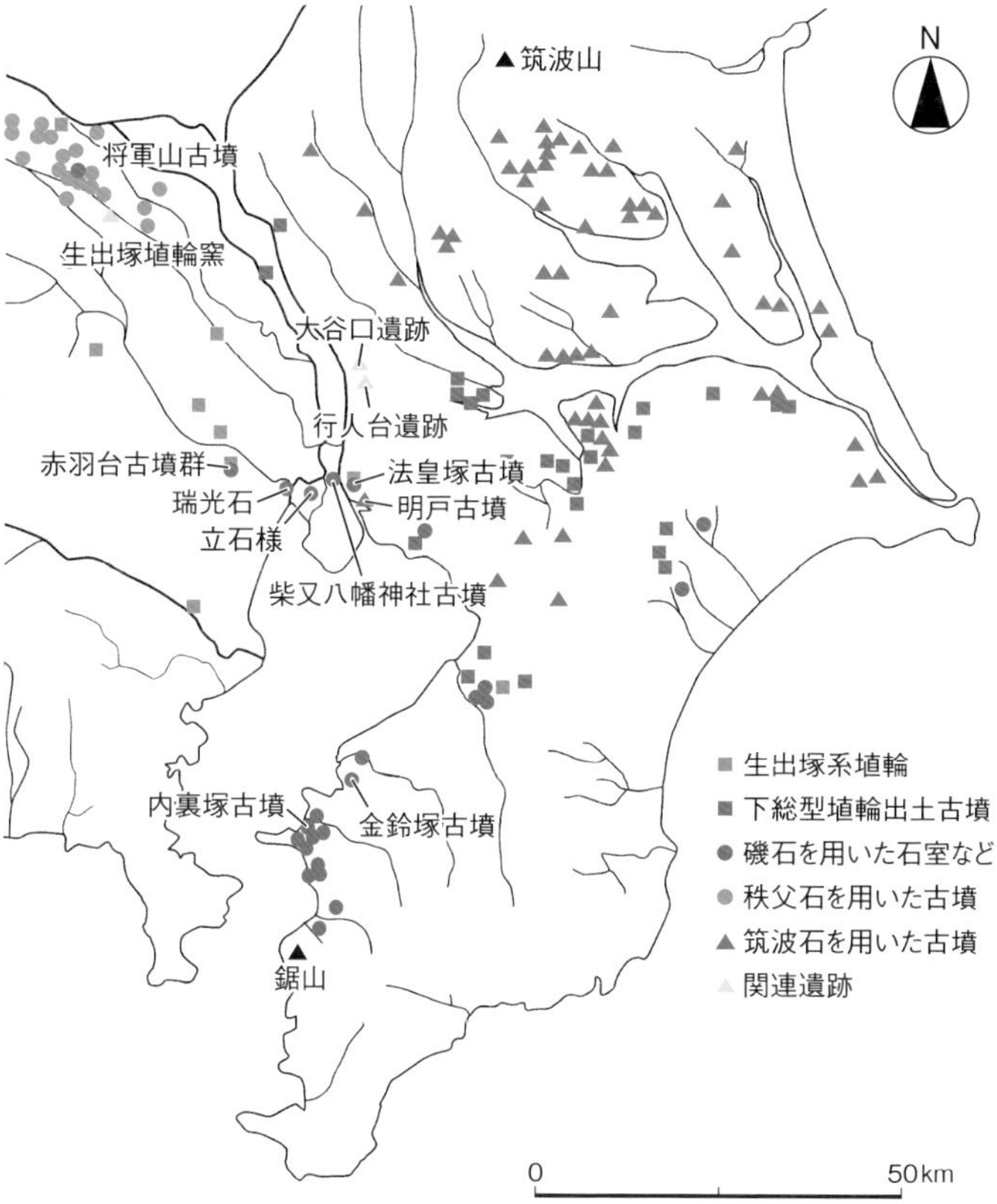

図53　石室・石棺石材と埴輪の分布図
生出塚系・下総型の埴輪、磯石・秩父石（緑泥片岩）・筑波石を用いた古墳及び関連遺跡を示したもので、埴輪や石室石材の移動から地域間の交流の様子がわかる。

る。この片袖石室は、下総の法皇塚古墳や城山一号墳、北武蔵の将軍山古墳など、いずれも六世紀後半に築かれた地域の首長墓に採用されている。

また松戸市立博物館の小林孝秀は、初期横穴式石室の受容にともない朝鮮半島から伝わり、畿内型石室の展開とともに普及した釘付木棺が、法皇塚古墳や城山一号墳で確認されることにも注目し、片袖石室とともにヤマト王権とのつながりを示すと理解している。

以上のように、考古資料から房総地域や北武蔵地域とヤマト王権との関わりが指摘される。では、下総地域と北武蔵地域をつなぐ東京低地ではどのような様相がうかがえるのだろうか。

古墳時代後期の東京低地東部では大型管状土錘《かんじょうどすい》が数多く出土する。これは網を用いた漁労がおこなわれていることを示す（**図54**）。古墳時代後期の東京低地東部への進出は、土地を耕すだけではなく、漁労活動という視点を見落としてはならないと思う。

網漁を主体とした漁労は同じ時期に東京湾沿岸地域で採用されており、自然発生的なものとは考えがたい。大型管状土錘を用いた集団的な網漁は、古墳時代後期に大阪湾で隆盛しており、

図54 ● 新宿町遺跡から出土した管状土錘
土錘の孔のなかには撚られた繊維状のものが残っており、管状土錘を装着した漁網がそのまま埋没していることがわかった。数点サンプルとしてとり上げ、ほかはそのままの状態で埋め戻して現状のまま保存している。

東京湾岸の大型管状土錘を用いた漁労活動も、畿内・ヤマト王権との関係性のなかでとらえることができるだろう。

不思議なことに、六世紀に隆盛をみた大型管状土錘を用いた集団的な網漁は、七世紀になると東京湾沿岸地域で姿を消してしまう。このような生業活動の盛衰の背景として、環境の変化なども当然考えられるが、突如広範囲にいままでの生業活動を止めてしまうという様相は、環境というよりも生業活動にたいする政策的な意図が強く働いていたものと推察される。今後ヤマト王権との関係なども視野に入れた検討が必要となろう。

あらためて下総地域の政治的な状況を確認しておくと、古墳時代後期から奈良時代前半ごろは、北部の「香取の浦」沿岸地域が政治的な中枢であったが、国府はその地域ではなく、葛飾地域におかれた。その要因について明治大学教授の駒見和夫は、葛飾地域は「内陸水運や東京湾における海運の要地であり、さらに両者の結節点であることに加え、良港としての地勢的条件を満たした潟湖の存在」があると指摘している。

ヤマト王権にとって下総台地南西部は、海と河川を控え、北武蔵地域と上総・安房などの房総南部、さらに常陸方面との交通を確保するうえで重要な場所であった。そこを掌握した在地勢力の奥津城《おくつき》が、法皇塚古墳などの国府台古墳群の被葬者と考えられるのである。

「高橋氏文」からみたヤマト王権と「かつしか」

房総地域、東京低地、武蔵地域の交通ルートを考えたとき、「高橋氏文《たかはしうじぶみ》」にみえる景行天皇が日本武尊の足跡をたどって上総国安房浮嶋《うきしま》宮に巡幸した話が思い起こされる。

「高橋氏文」とは、延暦年間（七八二～八〇六）ごろに高橋朝臣《あそん》と阿曇連《あずみのむらじ》が、宮内省の天皇の食事をつかさどった役所、内膳司《ないぜんし》の座を争ったときに、高橋氏が自分の職掌の正当性を強調するためにまとめた由来書とされる古記録である。完本は伝わっておらず、その記載の扱いは慎重にならなければいけないが、そのことを念頭におきながら内容を確認すると、景行天皇が上総国安房浮嶋宮に巡幸した際に、浮嶋宮から葛飾野に御狩に出かける記述が注目される。安房での膳《かしわで》氏の御贄《みにえ》献上の際、无邪志《むざし》国造と知々夫《ちちぶ》国造が膳夫《かしわで》として召されているのである。なぜ総の国造ではなく、距離的に遠い北武蔵の国造が召されているのであろうか。

葛飾野という場所と无邪志国造と知々夫国造の北武蔵は、安房とも遠く離れ関係が薄いように思える。地図をみると葛飾野は古代の葛飾郡の丘陵部、つまり下総台地西部（図4・57参照）

図55 ● 千葉県木更津市の金鈴塚古墳の横穴式石室
二重の周濠をもつ墳丘長約100ｍの前方後円墳で、礫石を積み上げた横穴式石室をつくり、内部に緑泥片岩の石棺を設置している（三浦輝与史氏撮影）。

と考えられることから、安房と北武蔵を結ぶ中間に葛飾野が位置し、安房―葛飾―武蔵というルートが浮かび上がってくる。まさに石室石材の運搬経路と符号しているのである。

石室石材についてもう一度みてみよう。埼玉古墳群の将軍山古墳は、房総産の磯石と秩父産の緑泥片岩を併用している。位置的には緑泥片岩の産地のほうが距離的にも近く入手しやすかったのに、房総からわざわざ磯石を運び込んで石室をつくっている。一方、北武蔵の秩父地域から産出する緑泥片岩が木更津市の金鈴塚《きんれいづか》古墳の石棺に用いられている（図55）。また、埼玉県鴻巣市の生出塚埴輪窯の埴輪が、赤羽台古墳群、法皇塚古墳、さらに市原市の山倉一号墳（図56）などで確認されている。

この石室石材や埴輪からうかがえる安房―葛飾―武蔵の交流と「高橋氏文」との関係性について、埼玉県歴史と民俗の博物館館長だった高

図56 ● 千葉県市原市の山倉1号墳から出土した生出塚埴輪窯の埴輪
およそ80kmも離れた埼玉県鴻巣市の生出塚埴輪窯から河川と海を船を使って持ち込まれた。

橋一夫は「食物献上は服属儀礼のひとつであり、このことをもって安房と武蔵の関係を論じることはできないであろう」と指摘しているが、「高橋氏文」にみられる食物献上は、服属儀礼だけに限定されるものではない。

淑徳大学教授の森田喜久男の研究で明らかなように、天皇の狩猟伝承は「山海之政」を象徴する儀礼行為であり、安房と葛飾野の関係は、専修大学准教授の田中禎昭《よしあき》が指摘しているように、葛飾野がたんなる狩場ではなく、ヤマト王権にとっておさえるべき重要な場所であったことを物語っている。東京湾を渡って房総南部にいたり、下総へという動きは古代東海道初期のルートと同じであり、房総南部の安房地域が総国（房総半島）の玄関口であった。

ヤマト王権にとって葛飾野は直接管轄すべき重要地域だった。古代の葛飾地域に国造がいな

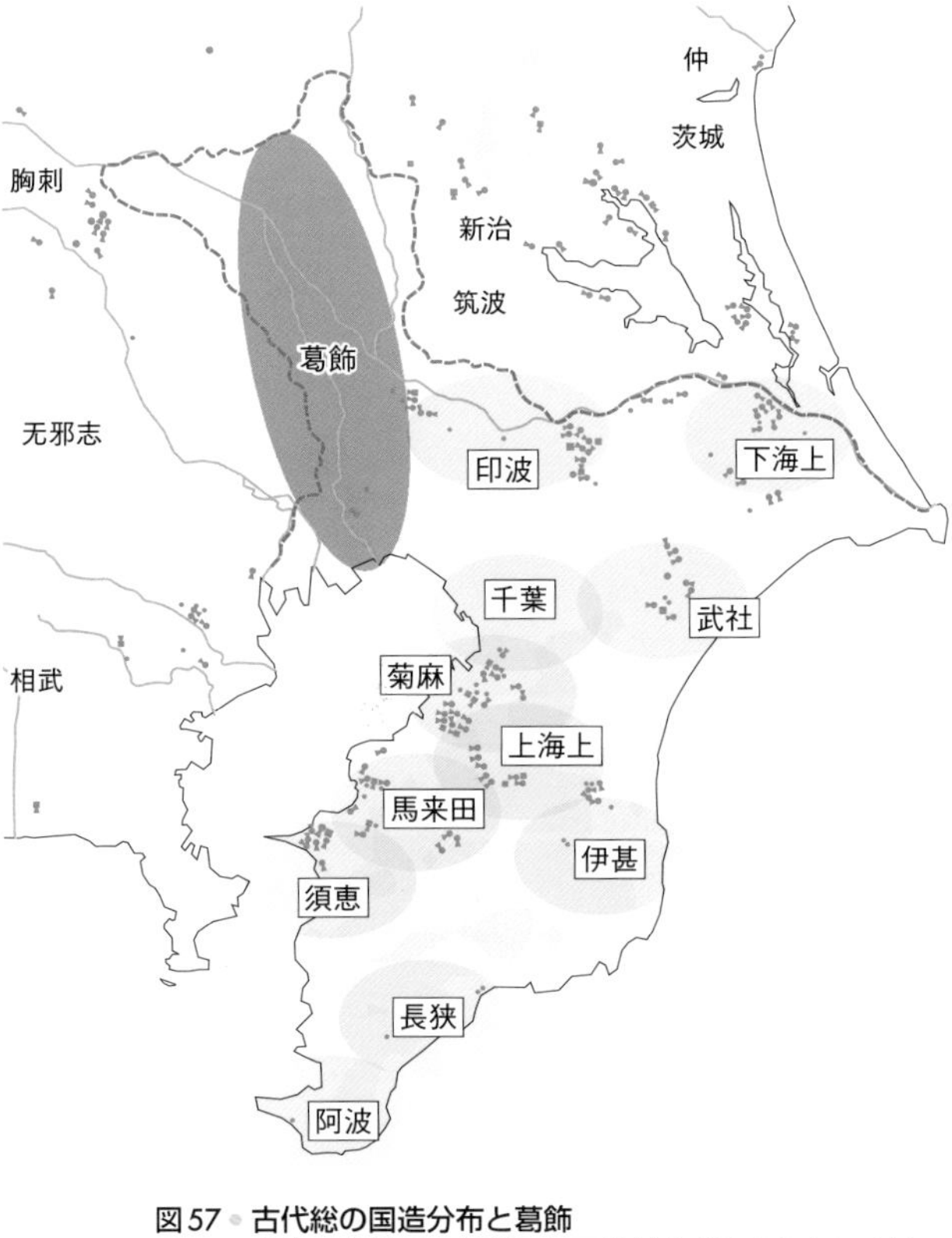

図57 ● 古代総の国造分布と葛飾
古代の葛飾郡の領域には国造勢力がみられないのは、ヤマト王権が直接支配するところだったからと考えられる。「高橋氏文」の景行天皇による葛飾野での御狩はそのことを物語る逸話として注目される。

いのもそのことを補強する材料となろう（図57）。柴又八幡神社古墳の所在する、下総台地南西部の西方の眼下にひろがる海と内陸を結ぶ河川が流れる低地部は、古代の葛飾地域を経営するうえでおさえておかなくてはならない要衝だったのである。「高橋氏文」の景行天皇巡幸譚は、「葛飾野」を中心とする古代葛飾地域の開発がヤマト王権にとって東国経営の要地のひとつとしておこなわれたことを物語っているのである。

4　地域性・交流・境界性

柴又八幡神社古墳は現在、東京低地で唯一確認されている前方後円墳である。本古墳を歴史的に理解するキーワードとして「地域性」と「交流」そして「境界性」をあげることができる。柴又八幡神社古墳の下総型埴輪からは、後の下総国としてくくられる領域内の地域的な特徴を示す「地域性」がみられ、石室石材の磯石からは、房総地域から運び込まれ、さらに上流部までもたらされるという地域を越えた「交流」が認められる。そして柴又八幡神社古墳の所在する、武蔵野台地と下総台地のあいだに広がる東京低地は、下総型埴輪分布圏の最西端で、海と内陸をつなぎ、「地域性」と「交流」という相反する様相を備え、そこは後の武蔵国と下総国の国境地域となる「境界性」を有している。

東京低地の「境界性」という歴史的特性は、古墳時代や古代に限られたものではない。東京低地は一五九〇年（天正一八）に徳川家康が江戸に入部してから開発されたところで、古代には開発されていないとイメージされていたなかで、予想していなかった前方後円墳が築かれていたという事実が、これまで記してきたような多くの研究者たちの研究につながった。

こうして学術的に注目される柴又八幡神社古墳であるが、本古墳が世間に知られるようになったきっかけは、「寅さん埴輪」の出土であろう。この地域の古代戸籍に「刀良」と「佐久良」という人物の名が記されていることも含めて、映画『男はつらいよ』で寅さんの故郷として設定されている葛飾柴又という世界と、葛飾柴又で営まれてきた歴史が見事に重なりあったことに驚きを禁じえない。これは葛飾柴又という「場《トポス》」ならではの歴史力だと思っている。

その歴史力は、二〇一八年二月一三日、国の重要文化的景観として「葛飾柴又の文化的景観」が選定されるというかたちでひとつの結実をみた。江戸川と微高地などの風土を舞台として、古代から営まれてきた生活が重なりあって形づくられてきた文化的景観が評価されたのである。その「葛飾柴又」の門前のまち並みや醸しだす情緒のすばらしさをみいだし、映画の舞台としたのが山田洋次監督である。そして柴又八幡神社古墳は「葛飾柴又」を構成する重要な遺跡であり、東京低地の古代史の奥深さを教えてくれる歴史遺産でもある。

一九六五年の柴又八幡神社社殿改築の際、社殿裏手の石組が古墳の石室であることが明らかになり、柴又八幡神社の宮司さんや責任総代をはじめ氏子のみなさんが相談し、郷土学習のためにと社殿下に石室を復元保存することになった。

このとき区の指導助言があったわけではない。地元の発意でおこなわれたことに「葛飾柴又」の人びとのなみなみならぬ郷土への思いを感じた。

葛飾区に学芸員として勤めた筆者は、地元の方々の思いをどのようにして後世に伝えていけばよいのかを考えた。そこで導きだしたのが柴又八幡神社古墳を学術調査し、古墳の遺存状況を確認して保存するためのデータをえるとともに、学術的に位置づけることだった。

第二次調査からは博物館ボランティア「葛飾考古学クラブ」と共同調査し、発掘教室や現地説明会、調査成果の展示や報告会を催すなど、「葛飾考古学クラブ」との協働で一連の調査を終えることができた。出土した埴輪は二〇一一年に東京都有形文化財に指定された。

本書を上梓することができたのも「葛飾考古学クラブ」との協働がなければかなうものではなく、鎮守の境内という聖地の学術調査をおこなう許可をいただいた香山邦英宮司や総代の鈴木良平・齊藤得一・齊藤国次の諸氏、氏子の方々の英断なくしては果たせるものではなかった。また何度も発掘現場に足を運んで調査を見守っていただいた永峯光一先生をはじめ多くの先生方のご教示なくして、現地での調査を終え学術的な諸問題を深掘りすることはできなかった。残念なことにお世話になった方々のなかにはすでに幽明処を隔ててしまった方も多い。感謝の気持ちを込め、ご冥福をお祈りしたい。

最後になるが、本書を上梓するにあたって柴又八幡神社香山伸一宮司、責任総代木暮隆一・杉浦健氏、葛飾区観光協会会長齊藤勝治氏、柴又神明会会長石川宏太氏、柴又自治会会長関益雄氏からご高配を賜った。また学術調査の指導をいただいた熊野正也先生、共に汗を流して古墳の調査をした調査員と葛飾考古学クラブ各位に感謝の気持ちを心より表し、筆を擱きたい。

○柴又八幡神社学術調査報告書

谷口　榮編　一九九二『柴又八幡神社古墳』葛飾区郷土と天文の博物館
谷口　榮・五十嵐聡江・石塚宇紀　二〇〇九『柴又八幡神社古墳Ⅶ（第一分冊古墳編）』葛飾区郷土と天文の博物館
五十嵐聡江　二〇一一『柴又八幡神社古墳Ⅷ（第二分冊考察編）』葛飾区郷土と天文の博物館

○おもな参考文献

石橋　宏　二〇一一「Ⅲ章　2．柴又八幡神社古墳の基礎的検討」『柴又八幡神社古墳Ⅷ（第二分冊考察編）』葛飾区郷土と天文の博物館
犬木　努　二〇一一「Ⅲ章考察　3．柴又八幡神社古墳の埴輪について」『柴又八幡古墳Ⅷ（第二分冊考察編）』葛飾区郷土と天文の博物館
大川原竜一　二〇〇九「印波国造と評の成立」『房総と古代王権　東国と文字の世界』高志書房
大場磐雄・滝口　宏・永峯光一　一九七〇「葛西地区における考古学的調査」『北東低地帯文化財総合調査報告』第一分冊　東京都教育委員会
小林三郎・熊野正也　一九七六『法皇塚古墳』市立市川博物館
小林孝秀　二〇一四『横穴式石室と東国社会の原像』雄山閣
酒井清治　二〇〇〇「伊興遺跡出土の朝鮮半島系土器と渡来人」『古代伊興遺跡の世界』足立区立郷土博物館
酒井清治　二〇一三『土器から見た古墳時代の日韓交流』同成社
白井久美子　二〇〇二『古墳から見た列島東縁の世界の形成』自主出版
鈴木一有　二〇〇七「東海の横穴石室における分布と伝播」『研究集会　近畿の横穴式石室』横穴式石室研究会
鈴木直人　二〇一二『赤羽台古墳群に眠る人々―石と埴輪から探る東国古墳文化―』北区飛鳥山博物館
高橋一夫・本間岳史　一九九四「将軍山古墳と房州石」『埼玉県史研究』第二九号　埼玉県史編纂室
谷口　榮　一九九四「大嶋郷の住人と生業活動」『古代王権と交流　2　古代東国の民衆と社会』名著出版
谷口　榮　二〇一八『東京下町の開発と景観　古代編』雄山閣
田中禎昭　一九九五「中世以前の東京低地」『東京低地の中世を考える』名著出版
鳥居龍蔵　一九二七『上代の東京と其周圍』磯部甲陽堂
中島広顕・小林高・小林理恵　一九九五『豊島馬場遺跡』北区教育委員会
永峯光一　一九七〇「第二章六　柴又八幡神社の古墳について」『葛飾区史』上巻　葛飾区
野口良也・大野哲二　一九九八「千葉県松戸市栗山古墳群出土埴輪の再検討」『松戸市立博物館紀要』第五号　松戸市立博物館
樋上　昇　二〇〇〇「三～五世紀の地域間交流―東海系曲柄鍬の波及と展開―」『日本考古学』第一〇号　日本考古学協会
日高　慎　二〇一三『東国古墳時代埴輪生産組織の研究』雄山閣
日高　慎　二〇一五『東国古墳時代の文化と交流』雄山閣
松尾昌彦　二〇〇八『古代東国地域史論』雄山閣
森田喜久男　一九九四「古代における山野河海―高橋氏文の分析から―」『千葉史学叢書1　古代国家と東国社会』高科書店

＊本書作成にあたり写真掲載等多くの機関にご協力をいただいた。また左記の方々から資料の提供やご教示を賜った。記して感謝申し上げます。
（敬称略）
五十嵐聡江・加藤晋平・小泉信一・小林政能・小林孝秀・須山　保・竹中恵子・戸室隆一・橋本真紀夫・水山昭宏・山本榮之進

柴又八幡神社古墳

・東京都葛飾区柴又3―30―24
・交通　京成電鉄金町線「柴又駅」から徒歩3分

石室と神社に伝わる遺物が社殿の下に保存されている。通常、非公開。毎年10月の例祭時に公開している。

葛飾区郷土と天文の博物館

・葛飾区白鳥3―25―1
・電話　03（3838）1101

葛飾区郷土と天文の博物館

・開館時間　火曜～木曜、日曜・祝日9：00～17：00、金曜日・土曜日（祝日を除く）9：00～21：00（入館は閉館30分前まで）
・休館日　月曜日（祝日の場合は開館）、第2・4火曜日（祝日の場合は開館し、その直後の平日休館）、年末年始（12月28日～1月4日、1月2・3日は正午～17：00のみ開館）
・交通　京成電鉄「お花茶屋」駅から徒歩8分

＊郷土展示室（常設展示）で葛飾区の歴史を時代順に展示する。現在、大規模改修のため見学できない。2020年7月上旬リニューアルオープン。

葛飾柴又寅さん記念館

・葛飾区柴又6―22―19　葛飾区観光文化センター内
・電話　03（3657）3455
・開館時間　9：00～17：00（入館は30分前まで）
・休館日　第3火曜日（祝日・休日の場合は直後の平日）、12月第3火・水・木曜、＊年末年始も営業
・入館料　一般500円、児童・生徒300円、65歳以上400円（山田洋次ミュージアムとの共通券）
・交通　京成電鉄金町線「柴又駅」から徒歩8分

映画『男はつらいよ』の世界にふれる施設。寅さんの衣装・撮影台本を展示するとともに、柴又帝釈天参道やまち並み、くるまや、朝日印刷所などをジオラマや撮影セット、模型などで再現している。「寅さん埴輪」のレプリカを毎月10日、寅さんの日に展示予定。

葛飾柴又寅さん記念館

遺跡には感動がある

――シリーズ「遺跡を学ぶ」刊行にあたって――

「遺跡には感動がある」。これが本企画のキーワードです。

あらためていうまでもなく、専門の研究者にとっては遺跡の発掘こそ考古学の基礎をなす基本的な手段です。また、はじめて考古学を学ぶ若い学生や一般の人びとにとって「遺跡は教室」です。

日本考古学では、もうかなり長期間にわたって、発掘・発見ブームが続いています。そして、毎年厖大な数の発掘調査報告書が、主として開発のための事前発掘を担当する埋蔵文化財行政機関や地方自治体などによって刊行されています。そこには専門研究者でさえ完全には把握できないほどの情報や記録が満ちあふれています。しかし、その遺跡の発掘によってどんな学問的成果が得られたのか、その遺跡やそこから出た文化財が古い時代の歴史を知るためにいかなる意義をもつのかなどといった点を、莫大な記述・記録の中から読みとることははなはだ困難です。ましてや、考古学に関心をもつ一般の社会人にとっては、刊行部数が少なく、数があっても高価なその報告書を手にすることすら、ほとんど困難といってよい状況です。

いま日本考古学は過多ともいえる資料と情報量の中で、考古学とはどんな学問か、また遺跡の発掘から何を求め、何を明らかにすべきかといった「哲学」と「指針」が必要な時期にいたっていると認識します。

本企画は「遺跡には感動がある」をキーワードとして、発掘の原点から考古学の本質を問い続ける試みとして、日本考古学が存続する限り、永く継続すべき企画と決意しています。いまや、考古学にすべての人びとの感動を引きつけることが、日本考古学の存立基盤を固めるために、欠かせない努力目標の一つです。必ずや研究者のみならず、多くの市民の共感をいただけるものと信じて疑いません。

二〇〇四年一月

戸沢充則

著者紹介

谷口　榮（たにぐち・さかえ）

1961年生まれ。

国士舘大学文学部史学地理学科卒業。博士（歴史学）。

葛飾区産業観光部観光課主査学芸員。

著書に『東京下町に眠る戦国の城　葛西城』新泉社、『東京下町の開発と景観　古代編』『東京下町の開発と景観　中世編』『江戸東京の下町と考古学』雄山閣、編著書に『歴史考古学を知る事典』『遺跡が語る東京の歴史』『吾妻鏡事典』東京堂出版ほかがある。

●写真提供（所蔵）

葛飾区郷土と天文の博物館：図1・16・18 〜 21・27・29・31・34・36 〜 39・41・42・54・93頁（上）／葛飾区広報課：図２・7（上）・49 ／個人蔵：図13 ／葛飾区観光課：図24 ／北区飛鳥山博物館：図32 ／明治大学博物館：図33 ／埼玉県教育委員会：図45 ／市立市川考古博物館：図48・52 ／松戸市立博物館：図50（左）・51 ／木更津市教育委員会（三浦輝与史氏撮影）：図55 ／市原市教育委員会（国立歴史民俗博物館撮影）：図56 ／葛飾柴又寅さん記念館／山田洋次ミュージアム/松竹株式会社：93頁（下）

●図版出典（一部改変）

図4：東京低地周辺地形段彩図（国土地理院・基盤地図情報使用、小林政能調製）／図5・17・26・28・30：『柴又八幡神社古墳Ⅶ』／図6：『豊島馬場遺跡』1995、樋上 昇 2000 ／図7（下）：柴又周辺の地理院地図（東京時層地図 for iPad（(一財）日本地図センター）より）／図11：『柴又八幡神社古墳』1992 ／図12：永峯光一 1970 ／図22：柴又周辺地形段彩図（国土地理院・基盤地図情報使用、小林政能調製）／図23：財団法人日本地図センター「第一軍管区地方二万分一迅速測図原図復刻版　東京府南葛飾郡新宿町近傍村落」／図25・35・40・43・46：『柴又八幡神社古墳Ⅷ』／図47：日高 慎 2013 ／図50（右）：鳥居龍蔵 1927 ／図53：石橋 宏 2011 ／図57：大川原竜一 2009

上記以外は著者

シリーズ「遺跡を学ぶ」143

東京下町の前方後円墳　柴又八幡神社《しばまたはちまんじんじゃ》古墳《こふん》

2020年 3月　5日　第1版第1刷発行

著　者＝谷口　榮

発行者＝株式会社　新　泉　社

東京都文京区本郷２−５−12
TEL 03（3815）1662 ／ FAX 03（3815）1422
印刷／三秀舎　製本／榎本製本

ISBN978−4−7877−2033−7　C1021

新泉社

シリーズ「遺跡を学ぶ」

57

東京下町に眠る戦国の城　葛西城

谷口　榮

東京の下町、葛飾区青戸にかつて戦国の城があった。上杉氏によって築かれ、小田原北条氏が攻略し、長尾景虎（上杉謙信）の侵攻、北条の再奪取、秀吉の小田原征伐による落城と幾多の攻防がくり広げられた。関東における戦乱の最前線となった葛西城の実態にせまる。１５００円＋税

73

東日本最大級の埴輪工房　生出塚埴輪窯

高田大輔

埼玉古墳群に埴輪を供給するために操業を開始した生出塚埴輪窯。製品は埼玉古墳群を頂点とする北武蔵を中心に、遠く南武蔵や東京湾沿岸へも運ばれた。東日本最大級の規模を誇る生産と供給の実態を解明し、埼玉政権の盛衰と地域首長間の交流の様相を埴輪から探る。１５００円＋税

109

最後の前方後円墳　龍角寺浅間山古墳

白井久美子

印旛沼を望む千葉県の下総台地にヤマト王権の中央で前方後円墳が姿を消したころにつくられた最後の前方後円墳がある。法隆寺の仏像宝冠を彷彿とさせる金・銀の冠飾りや金銅製馬具の副葬は何を意味するのか。古墳時代の終わりに頭角をあらわした地域勢力を描く。１６００円＋税